Sprache und Lesen

1

Basisbuch

Herausgegeben von
Stefan Jeuk
Antje Sinemus
Krystyna Strozyk

Erarbeitet von
Birgit Behle-Saure
Heidelinde Foster
Petra Hubbert
Marlies Koenen
Kathrin Röder
Simone Schick
Antje Sinemus
Krystyna Strozyk
Ulrike Terstegge
und
der Cornelsen Redaktion
Primarstufe

Inhaltsverzeichnis

Unsere Schule – meine Klasse 4
M/m   O/o   A/a   I/i   T/t

Ich und du 16
S/s   L/l

Ich kenne mich aus 28
E/e   N/n   P/p   U/u

Das kann ich schon 40

Bei mir zu Hause 42
F/f   R/r

Ich stelle mir vor 54
Ei/ei   H/h   D/d   Au/au

Zeit für mich 66
Sch/sch   -ie

Das kann ich schon 78

Computermaus und Lesekater 80
K/k B/b ch

Die Welt um mich herum 92
G/g W/w

Bei uns und anderswo 104
Z/z

Das kann ich schon 116

Durch das Jahr 118

So sprechen wir 128

Wichtige Lesewörter 132

Kapitelaufbau

Einstiegsseite
SPRECHEN · SPRECHEN · LESEN · SPRECHEN · LESEN · VORLESEN

Unsere Schule – meine Klasse

● **der** Junge

● **der** Tisch

● **die** Lehrerin

● **die** Tafel

● **das** Mädchen

Bild beschreiben/Wortschatz sichern:
Was/Wer ist das? – Das ist (die Tafel/Mia).
Was macht (Mia)? – (Mia) sitzt im Kreis.
Welche Farbe hat (die Tafel)? [Forts. rechts]

💬 der Radiergummi, der Stift, der Kleber, der Schwamm, der Kater, der Name, der Sitzkreis, der Punkt, die Schule, die Klasse, die Schultasche, die Maus

SPRECHEN

Schön, dass du da bist.

sitzen

sagen

klatschen

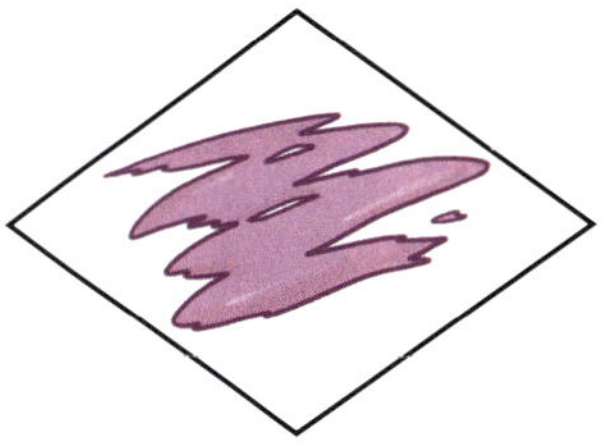

lila

gelb

▶ AH A, S. 18–19

die Schere, die Kreide, die Farbe, die Leseecke, das Heft, das Lineal, das Buch, das Tuch, das Kissen, das Namenskärtchen, blau, rot, grün

– (Die Tafel) ist (grün). Spiel im Sitzkreis: *Ich bin (U-mut).* [Kind klatscht die Silben des Namens] – *Schön, dass du da bist.* [alle im Chor]; Begrüßung in anderen Sprachen, z. B. Englisch

SPRECHEN

Mein rechter, rechter Platz ist frei, liebe Mia, komm herbei.

Begleitfiguren Leo und Lina kennen lernen;
Spiel oben: *Ich bin Leo. Wer bist du? Meinen Ball roll ich dir zu;* Spiel unten: D rechten/linken Platz variieren

der Ball, Leo, Lina, das Spiel, rollen, der Platz, der Stuhl, aufstehen, rechts, frei, der Affe, der Apfel, die Ameise, die Mütze, das (Arm)Band

Spiel: K. bewegen sich wie das Tier; Tiernamen: der Vogel, das Krokodil usw., spielen (die Denkblase, die Sprechblase)

D Vertiefung Farben/Namen: L.: *Ich sehe ein Mädchen. Das Mädchen hat rote Schuhe.* [K. zeigen auf Mia] L: *Das Mädchen heißt Mia. Was ist noch rot?* usw.

LESEN

Förderung der visuellen Wahrnehmung; 10 Unterschiede im unteren Bild finden: *Was ist anders? – Der Kleber ist rot. / Die Schultasche ist auf. / Emira schreibt.* usw.

D Anlautbilder für korrekte Laut-Buchstaben-Zuordnung nutzen;
Q die Lauttabelle, das Mäppchen, das Fenster, malen, schreiben, auf/zu

▶ **nach** AH A, S. 20–26

M/m   O/o   A/a

der Malkasten, der Mond, die Mama,
die Milch, die Melone, das Müllauto,
das Foto, das Bild, das Wort,
sich melden, denken, lesen

die Aufgabe(n) der K. herausfinden;
Wörter mit *M/m* im Anlaut sammeln;
Wörter synthetisieren

SPRECHEN

Vorbereitung: Gegenstände benennen und nach Farben (Artikel) sortieren;
Spiel: Gegenstände ertasten und benennen
Kim-Spiel: Was fehlt? – (Die Kreide) fehlt.

die Flasche, die Hand, (die Pfote), die Binde, die Augen, liegen, sehen, fühlen, drücken, verbunden, nass; der Rollstuhl, das Plakat

der Kakao, der Jogurt, der Käse,
der Saft, der Mülleimer, der Haken,
der/die Paprika, die Banane,
die Brotdose, die Birne, das Brot

Spiel: *Ich sehe was, was du nicht siehst …
– Das ist der (Stift).* [Gegenstände im Bild
oder in der Klasse] ❗ Antwort im Nominativ!
Einführung des Tagesplans (Pinnwand)

LESEN

Timo mit Mia

Mia mit Mama

aus Silben Wörter (ggf. auch Unsinnswörter) zusammensetzen; Wörter lesen und verschriften

die Mami, die Oma/die Omi; der Buchstabe, die Silbe, die Kiste, die (Wort)Karte, die Leine, (etwas) halten, hängen

▶ nach AH A, S. 27–32

I/i   T/t

der Computer, der Sandkasten [❗ nicht: die Sandkiste], der Pinsel, die Kamera, das Haus, das Waschbecken, fotografieren, ausspülen, am, im

1. Plenum: *Was passiert auf dem Bild oben?*
2. Einzelarbeit: Bilder betrachten; Wort lesen
3. Plenum: Sätze bilden: *(Timo) ist (im Haus)*.
   D zu eigenen Bildern schreiben

VORLESEN

(Vor-)Leseerfahrungen/Lieblingsbücher der K. thematisieren; Funktion der Leseecke; Gesprächsregel einführen: *Ich gebe das Wort weiter an …* [Weitergabe Gesprächsstein]

der Papa, der Stein, der Boden (auf dem Boden), der Hase, die Brille, das Bett, das Regal, vorlesen, ansehen, zeigen, (zu)hören ❗ trennbare Verben

Wir hören gerne Musik und tanzen dazu.

Wir schlecken beide am liebsten ein kühles, leckeres Eis.

Wir machen beide gerne Picknick auf der Wiese.

Zusammen haben wir jede Menge Spaß ...

... denn du bist mein allerbester Freund.

💬 der Frosch, der Freund, die Musik, die Wiese, das Picknick, das Radio, das Eis, hören, tanzen, lecken, lachen, sich umarmen, beste/bester, kühl

1. Bild-Betrachtung: *Was tun die Tiere?*
2. Vorlesen des Texts (ggf. des Buchs)
3. Transfer: *Was tust du gern mit anderen? Was macht dir in der Klasse viel Spaß?*

Ich und du

● der Kopf

● der Zahn

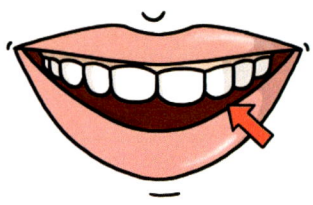

● der Bauch

● der Fuß

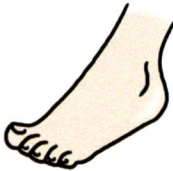

● die Nase

Bild beschreiben / Wortschatz sichern:
Was / Wer ist das? – Das ist (die Nase) / …
(die Nase von Emira) / … (Emiras Nase).
[L.: *Richtig. Das ist Emiras Nase.*]

der Mund, der Arm, der Finger,
der Po, der Zeh, der Spiegel, der Ring,
der Handstand, der Schwanz,
die Bank, die Turnhalle, das Gesicht

▶ ⊙ Audio-CD Track 29

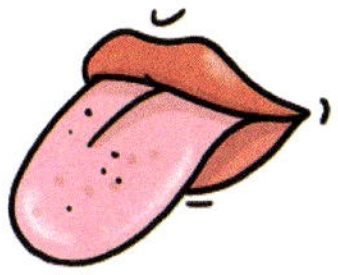

SPRECHEN

- **die** Zunge 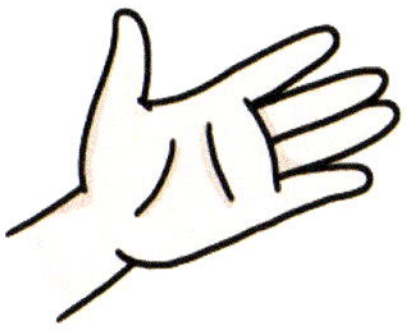
- **die** Hand 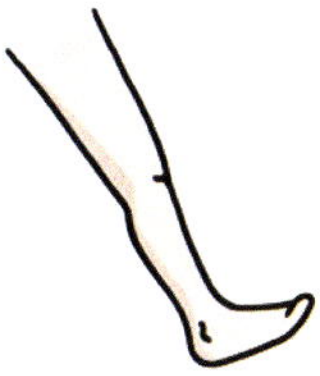
- **das** Bein

turnen

sehen

▶ AH A, S. 34–35

das Seil, das Sandsäckchen, das T-Shirt, die Haare, die Zähne, die Schuhe, die Socken, schauen, balancieren, (he)rausstrecken

Was macht (Emira)? – Emira streckt die Zunge (he)raus.; Zahlwörter verwenden: (Emira) hat einen Mund / eine Nase / zwei Augen …

SPRECHEN

Kopf und Schulter

Musik und Text: aus England

Deutsch: Kopf und Schul-ter, Knie und Fuß, Knie und Fuß.
Türkisch: Baş ve o-muz, diz, a-yak, diz, a-yak.
Englisch: Head and shoul-ders, knees and toes, knees and toes.

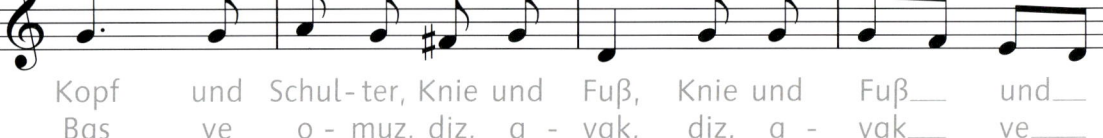

Kopf und Schul-ter, Knie und Fuß, Knie und Fuß und
Baş ve o-muz, diz, a-yak, diz, a-yak ve
Head and shoul-ders, knees and toes, knees and

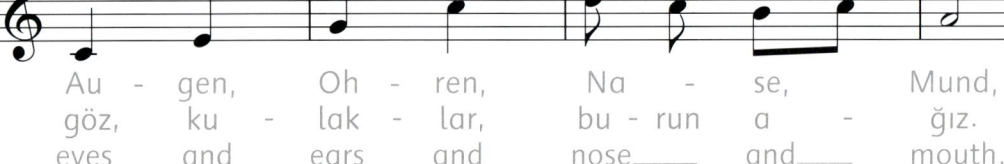

Au-gen, Oh-ren, Na-se, Mund,
göz, ku-lak-lar, bu-run a-ğız.
eyes and ears and nose and mouth.

Kopf und Schul-ter, Knie und Fuß, Knie und Fuß.
Baş ve o-muz, diz, a-yak, diz, a-yak.
Head and shoul-ders, knees and toes, knees and toes.

beim Singen Körperteile berühren (s. Timo);
D das Tempo beim Wiederholen steigern
D einzelne Körperteile beim Singen auslassen und Wort durch Bewegung ersetzen

Q die Schulter, das Knie, das Ohr, singen
U Baş ve omuz (Basch weh omus [z stets s, stimmhaft], diz, ayak, göz, kulaklarr [Zungenspitzen-r], burrun [„–„] ahs)

▶ ● Audio-CD Track 7/8

Ich habe 2 Ohren.

Ich habe 2 Augen.

Ich habe 2 Schultern.

Ich bin 6 Jahre alt. Wie alt bist du?

Ich bin 5 Jahre alt. Fünf heißt auf Türkisch beş.

ein/eine, zwei, fünf, sechs, zehn, alt, die Jahre, auf Türkisch/auf … [in der Klasse vertretene Sprachen ergänzen] beş (türk.) – (besch)

Spiel zu Zahlwörtern: *Ich habe (2 Augen).*; Dialog: *Wie alt bist du? – Ich bin x Jahre alt.* [Zahlwörter in versch. Sprachen]; *Wie viele Arme hast du? – Ich habe zwei Arme.*

LESEN

Mia malt.

Mia malt Lisa.

Mia malt Lisa am .

Momo malt Timo.

Momo malt Timo im .

So malt Momo:

Sprechwortschatz klären (Artikelpunkte als Hilfe); synthetisierend lesen; Bilder fürs Textverständnis nutzen; Präpositionen *im* und *am* erarbeiten (auch am Gegenstand)

der Kasten, geben, werfen, fangen

▶ nach AH A, S. 36 – 43

L/l S/s

Ist Timo im  ?

Ist Timo am  ?

Ist Mia im  ?

Ist Mia am 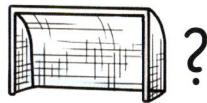 ?

Mia ist mit Momo am  .

Mia ist mit Timo im  .

das Tor, klettern, (den Ball) halten, sich verstecken, (das Fragezeichen)

synthetisierend lesen; Präpositionen *im* und *am* vertiefen: Fragen mithilfe der Bilder beantworten; Fragezeichen als Markierung für den Fragesatz thematisieren

SPRECHEN

fröhlich    traurig

Was macht (Timo)? (die versch. Szenen im Bild thematisieren); Gefühlsregungen mithilfe der Würfelbilder klären, den Kindern zuordnen und selbst mimisch darstellen

der Umkleideraum, der Anorak, der Mantel, toben, hochheben, anziehen, trösten, fröhlich, traurig, ängstlich, wütend

ängstlich 　　　　　　　　wütend

die Spinne, die Maske, erschrecken, stehen, zubinden
der Würfel, weiß, schwarz

Wie fühlt sich (Timo)? – Traurig. / Timo ist traurig. ▷ *Warum ist (Timo traurig)? – Timo ist traurig, weil …* ▷ eigene Erfahrungen erfragen: *Wann bist du (traurig)?*

LESEN

Timo

Timo ist so . So ist Timo!

Ist Timo ? Timo ist .

Timo ist mal  🙁, mal 🙂.

Timo ist so …

▶ AH A, S. 44–45

das Fahrrad, das Pflaster, (hin)fallen, (heraus)fallen, weinen, bluten, helfen; (der Punkt, die Pünktchen, das Ausrufezeichen)

Sätze mit den Würfelbildern erlesen; Auslassungspunkte als Symbol für Leerstellen kennen lernen; ○ Leerstelle mdl. ergänzen: *Timo ist so nett / ein guter Freund / …*

25

VORLESEN

Der Hase mit der roten Nase

Es war einmal ein Hase
mit einer roten Nase
und einem blauen Ohr.
Das kommt ganz selten vor.

Die Tiere wunderten sich sehr:
Wo kam denn dieser Hase her?

Er hat im Gras gesessen
und still den Klee gefressen.

1. Betrachtung der Bilder: *Was tut der Hase?*
2. Vorlesen des Texts; Wortschatz klären
3. Umsetzung: z. B. pantomimisch spielen
D Reimform klären

der Klee, der Fuchs, das Tier, das Gras, vorkommen, sich wundern, vorbeirennen, erkennen, selten, schön, einmal

Und als der Fuchs vorbeigerannt,
hat er den Hasen nicht erkannt.

Da freute sich der Hase.
„Wie schön ist meine Nase
und auch mein blaues Ohr,
das kommt so selten vor!"

Helme Heine

Es war einmal ein Hase
mit einer gelben Nase
und einem …

der Reim, sich reimen

generatives Sprechen: Reim auswendig lernen, Varianten mit 2 Farbwürfeln erwürfeln und sprechen: *Es war einmal ein Hase mit einer (gelben) Nase und …* usw.

Ich kenne mich aus

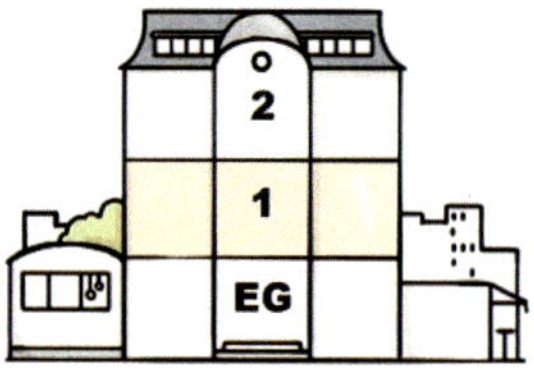

- **der** 1. Stock 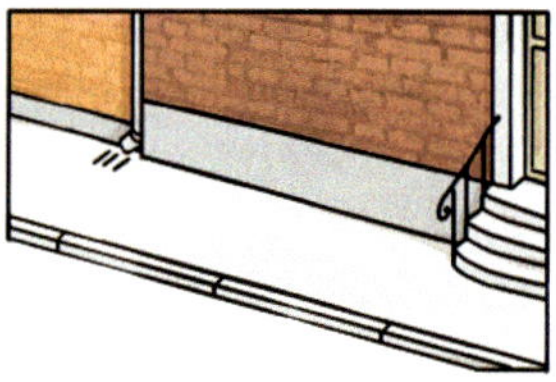
- **der** Gehweg 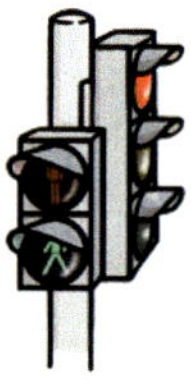
- **die** Ampel 
- **die** Straße 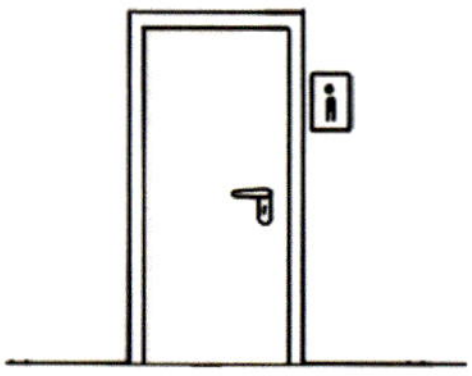
- **die** Toilette

Wo ist die Klasse 1b?

Bei Rot bleib ich stehen. Bei Grün darf ich gehen.

Was/Wer ist das? – Das ist (die Schule/eine Mutter).; Was macht (Lisa)? – Lisa macht Musik.; [Leo:] Wo ist (die Toilette)? – (Die Toilette) ist (im 1. Stock).

der Flur, der Aufzug/der Lift, der Hausmeisterraum, der Musikraum, der Lehrer, die Polizei, die Tür, die Sekretärin, das Auto

Audio-CD Track 30

SPRECHEN

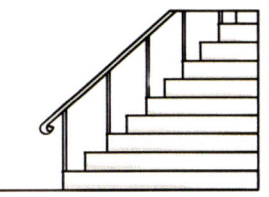
● die Treppe

● die Turnhalle

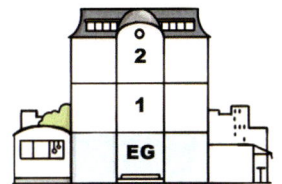
● das Erdgeschoss

gehen

stehen

▶ AH A, S. 47–48

das Sekretariat, das Motorrad, das Kind, das Klavier, fragen, fahren, warten, (zur Toilette) müssen, oben, unten, links, in/im, zweite

Verkehrserziehung: *Wann darfst du über die Straße gehen? – Bei Grün darf ich über die Straße gehen.* ◘ ggf. Merksatz auswendig lernen

29

SPRECHEN

Spielplan beschreiben: *Wo ist (die Klasse 1a)? – (Die Klasse 1a) ist im (3. Stock).*; <u>Spiel</u>: *Du gehst zwei Felder nach unten und ein Feld nach rechts. Wo bist du? – Ich bin in/im/am …*

der Eingang, die Bücherei, die Jungen-/Mädchentoilette, die Klasse (Raum), das Lehrerzimmer, dritte, die Spielfigur, das Feld, setzen

der Besen, die Blumen, die (Arbeits)Blätter, wischen, holen, gießen, fegen/kehren, austeilen, müssen, mögen, wollen, der Klassendienst, die Klammer

Klassendienste einführen: *Mia muss die Tafel wischen.*; Wünsche artikulieren: *Emira möchte die Tafel wischen.*; Mimik der Kinder deuten; Linas Tafelanschrieb erlesen

LESEN

○ Personen u. Gegenstände benennen;
○ Dominokarten lesen; erklären, was Mia tun muss; ● Spielregel erklären; erzählen und begründen, ob und warum das Spiel gefällt

💬 der Esel, der Ast, der Salat, die Ente, die Tomate, die Ananas, das Nest, die (Vogel)Eier

▶ nach AH A, S. 49–56

E/e N/n

der Baum, die Wortkarte, die Bank (Sitzmöbel), die (Wal)Nuss, das Domino, legen, hüpfen, knien

○ Personen u. Gegenstände benennen;
○ Buchstaben u. Wörter lesen; erklären, was die drei Kinder tun; ● Spielregel erklären; erzählen und begründen, ob und warum das Spiel gefällt

# SPRECHEN

 Mia
 Timo
 Lisa
 Emira
 Umut
 Dilara

Was/Wer ist das? – Das ist (die Post/Mia).;
Buchkinder aus der Bildleiste suchen:
Wo ist (Mia)? – (Mia) ist (im Schwimmbad/
am Fenster); Präpositionen im/am

der Spielplatz, der Schulhof, der Zebrastreifen, der Kiosk, der Parkplatz, der Imbiss, der Döner, der Bus, der Müll-Container/ die Mülltonne, der Hund

▶  Audio-CD Track 5/6

Milan    Natalia   Matteo   Momo   am / an dem   im / in dem

▶ AH A, S. 47–48

💬 die U-Bahn, der Spielzeugladen, die Post, die Haltestelle, die Radfahrerin, die Apotheke, das Schwimmbad, das Eiscafé, das Taxi, das Schaufenster

🄳 nach weiteren Personen/Dingen fragen: *Wo ist der (Bus)?;* Bildzeichen deuten (*U-Bahn* usw.); 🄤 *Kulübesi – Bude* (türk.); مواد غذائية (mauad rida-ija-tun) – *Lebensmittel* (arab.)

LESEN

Post an Tante Selin

Umut malt ● 🕐.

Umut malt ● 🏞️.

Umut malt ● 🌼.

Malt Umut ● 🏷️?

Umut ist mit Papa am 🚸.

"Los, Papa!"

"Umut!"

anhalten, (aus)leeren, einsteigen, winken, leer, los

O Personen u. Gegenstände benennen; O Text-Bild-Beziehungen herstellen; ● Rollenspiel zum letzten Bild (Varianten); Sprechblase ergänzen; ◨ Schluss malen/schreiben

VORLESEN

Verlaufen

Drei Tage gehen
die Zwillinge jetzt
zur Schule.

„Ich muss mal", sagt Emil
in der Spielstunde.
„Ich auch", sagt Emilia.
„Dringend." –
„Dann lauft rasch zur Toilette",
antwortet Frau Sommer.

Die Zwillinge sausen los.
Der Hinweg klappt prima.

1. Beschreibung der Bilder; Wortschatz klären
2. Vorlesen des Texts
3. Transfer: eigene Erfahrungen berichten:
Hast du dich schon einmal verlaufen?

der Tag, der Zwilling, die Spielstunde,
der Hinweg, der (Rück)Weg, der Rektor,
die Richtung, (zum) Glück,
antworten, sausen, klappen, verlaufen,

Aber auf dem Rückweg
gehen Emilia und Emil
in die falsche Richtung.
„Hier sieht es falsch aus",
sagt Emil plötzlich.

Aber da kommt zum Glück
gerade der Rektor vorbei.
„Na, ihr beiden,
habt ihr euch verlaufen?",
fragt er freundlich.
Die Zwillinge nicken verlegen.

Aber der Rektor lächelt nur
und bringt die beiden ruck, zuck
zurück zu Frau Sommer.
Und diesmal merken
sich Emil und Emilia
den Weg ganz genau.

Jana Frey

Q nicken, lächeln, sich merken, dringend, falsch, freundlich, verlegen, rasch, prima, genau, plötzlich, beide

D Erweiterung: *Was tut ihr, wenn ihr euch verlaufen habt?* (andere Personen fragen; eigene Adresse/Telefonnummer auswendig können); Dialog dazu szenisch spielen

Das kann ich schon

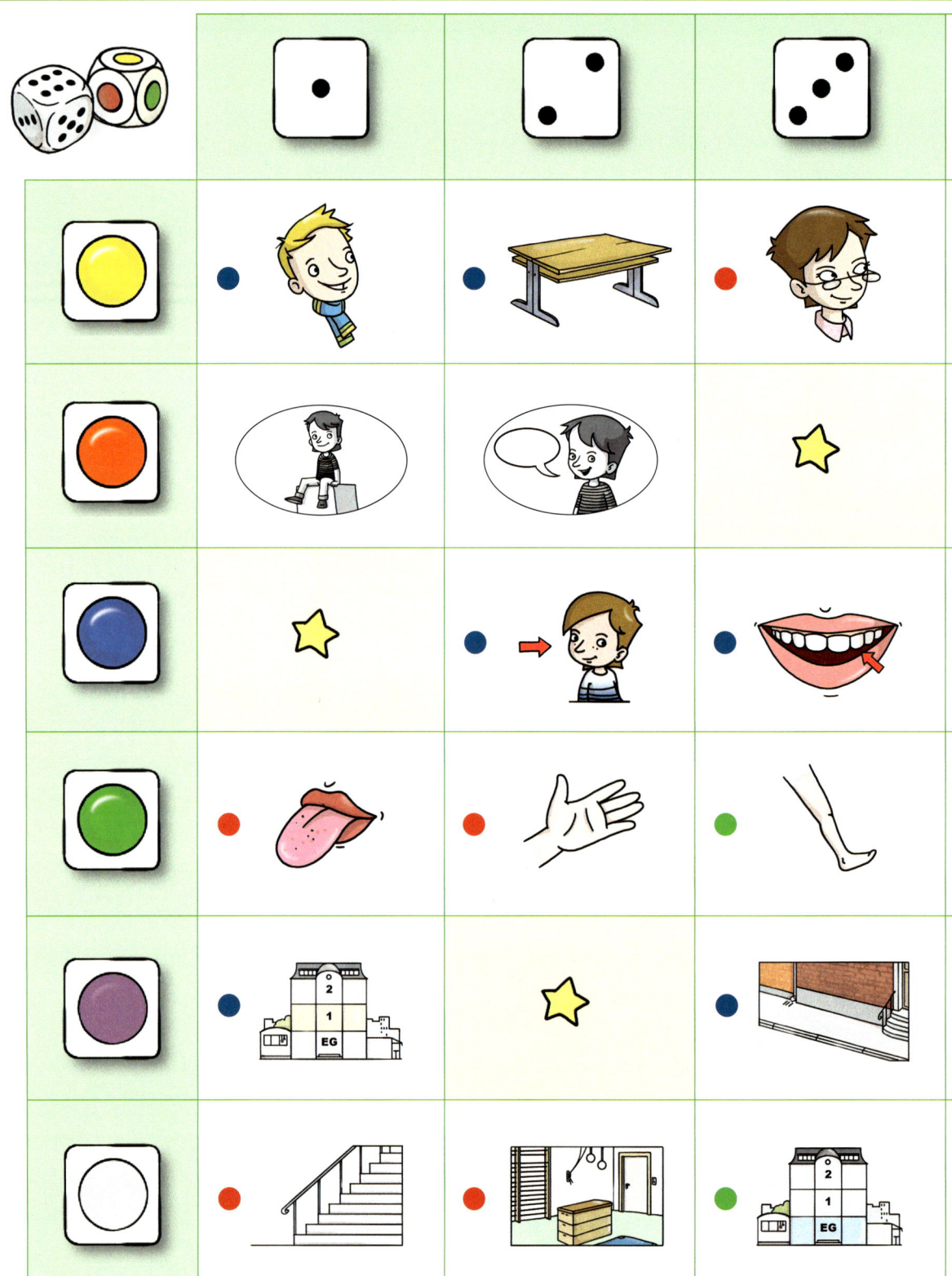

Wiederholung des eingeführten Wortschatzes; Partnerarbeit.
Spielmaterial: 1 Farbwürfel, 1 Augenwürfel, 2 Spielsteine, 2 Büro- oder Wäscheklammern (oder 2 weitere Spielsteine).

Spieler 1 würfelt mit beiden Würfeln, setzt seinen Spielstein auf das gewürfelte Feld und nennt das entsprechende Wort. **Spieler 2** kontrolliert, falls nötig auf den betreffenden Kapitelseiten (ggf. unter Zuhilfenahme eines zweiten Buches).

SICHERN UND FESTIGEN

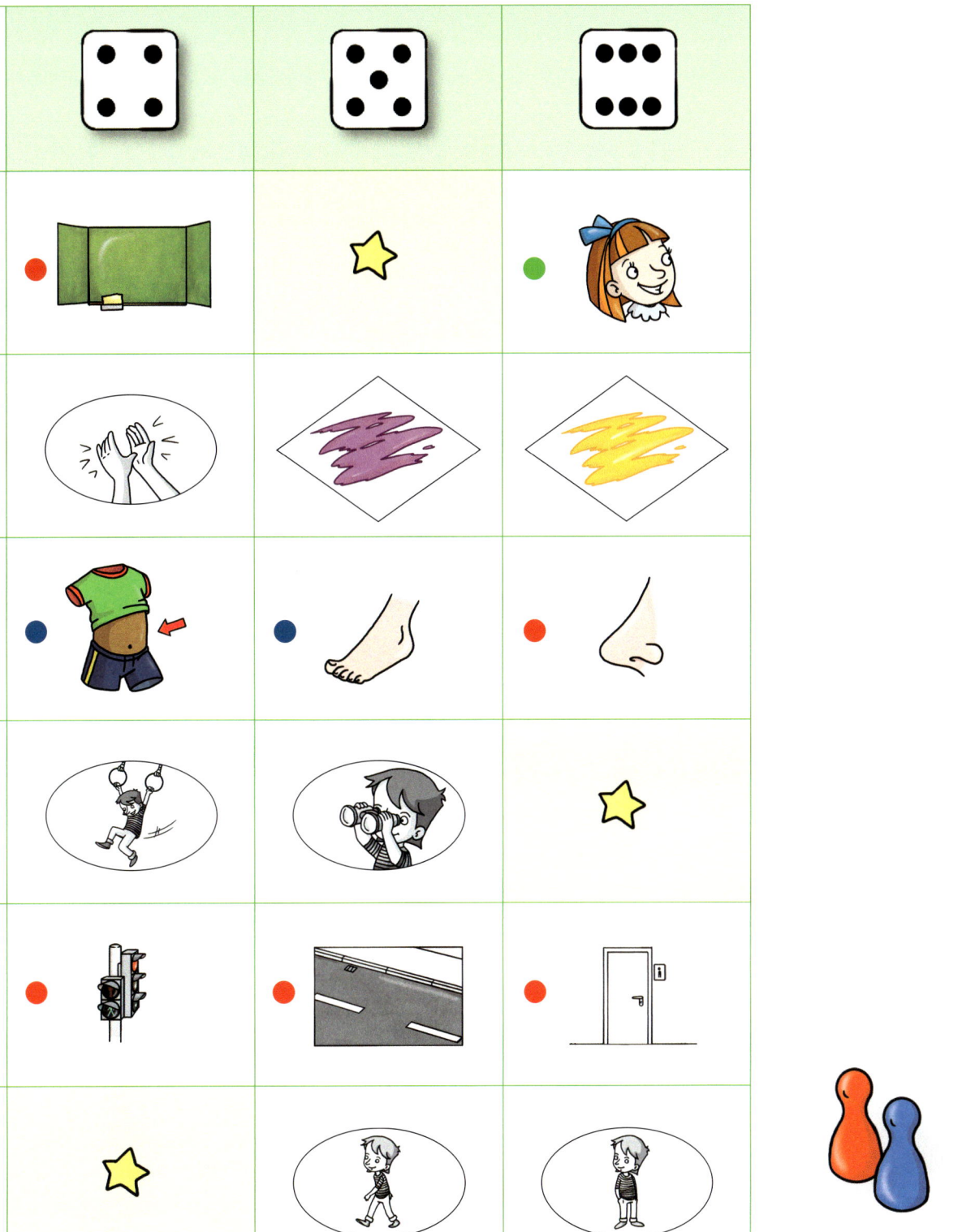

Spieler 1 darf bei richtiger Antwort auf seiner Zielleiste – am rechten bzw. linken Seitenrand – ein Feld vorrücken (Markierung auf der Zielleiste: *Spielstein* neben dem Buch vorrücken oder *Klammer* an der Seite befestigen und verschieben).

Nun ist **Spieler 2** an der Reihe. Wer auf ein Sternfeld kommt, darf – ohne zu sprechen – ein Feld auf der Zielleiste vorrücken.

Bei mir zu Hause

● der Bruder

● der Papa

● der Opa

● der Onkel

● die Familie

Wer ist das? – Das ist (der Opa/Emiras Opa).; Was macht (Emira)? – Emira umarmt (ihre Tante).; Wo ist (der Bruder/Emiras Bruder)? – Emiras Bruder ist in der Küche.

der Tisch, der Fernseher, der Teppich, der Herd, der Tee, der (Koch)Topf, der Schrank, die Küche, die Wohnung, das Wohnzimmer, das Zimmer, das Sofa

▶ ● Audio-CD Track 31

SPRECHEN

• die Schwester

• die Mama

• die Oma

• die Tante

wohnen

As-salāmu 'aleikum!

وعليكم السلام!

Q das Teeglas, die Eltern, besuchen, kochen, küssen, fernsehen, begrüßen, streicheln, arabisch, zusammen, mein/meine, unser/unsere

Eigene Familien und Begrüßungsrituale thematisieren; 🔊 [Tante]: *Friede sei mit dir!*; [Emira]: **وعليكم السلام!** (wa-'aleikum as-salam!) – *Auch mit dir sei Friede!* (arab.)

43

SPRECHEN

Wohnung/Personen beschreiben: *Das ist das Wohnzimmer. Im Wohnzimmer ist das Sofa.* **!** *in der* Küche; *Papa ist im Wohnzimmer. Er liest.* **D** *Emira sitzt im Kinderzimmer. …*

💬 der Schreibtisch, der Sessel, die Lampe, die Zeitung, die Leiter, die Badewanne, die Hausnummer, die Laterne, das Schlafzimmer, das Kinderzimmer

▶ AH A, S. 66–67

Q das Badezimmer, das Straßenschild, das (Doppel)Stockbett, das Telefon, baden, telefonieren, dunkel, aus-/an(geschaltet), abends/am Abend

D Weiterführung: Kinder malen ein Bild ihres Zimmers/Wunschzimmers und stellen es vor: *Das ist mein Zimmer. In meinem Zimmer ist ein/kein Fernseher ...*

LESEN

Essen alle Salat?

Fressen alle Esel Mamas Futter?

Emiras Familie

Papa mit Rana

Papa malt.
Rana soll raten.
Rana ruft: Elefant!
Papa ruft:
Super, Rana!

Sollen Emiras Eltern raten?

Mias Familie

Mama im Flur

Oma Renate

Mama ist
in unserem Flur
am Telefon.
Mama ruft
Oma Renate an.
Oma Renate
ist Mamas Mama.

Ist Oma Renate am Telefon?

💬 der Elefant, raten, anrufen, richtig, super

● Familienkonstellationen u. Freizeitaktivitäten mit eigener Familie vergleichen; ▣ Plakate zur eigenen Familie gestalten (auch mit dem Computer)

SPRECHEN

Spiel: 3–4 Spieler; K. würfeln und setzen reihum; farbiges Feld = K. sprechen Dialog [s. S. 49] und würfeln erneut; Sternfeld = erneut würfeln; Gewinner/-in = schnellstes K.

der Basketball, die Satellitenantenne, die Rutsche, schieben, herausschauen, rutschen

Ziel

der Start/der Anfang, der Stern,
die Spielregel, das Ziel, farbig, klopfen,
würfeln, gewinnen, verlieren

Mitspieler [klopfen 3x]: *Tock, tock, tock. Wer wohnt im (roten) Haus?* – K.: *(Umut) schaut heraus.* Msp.: *Wohnt (er) dort ganz allein?* – K.: *Nein, da wohnen (Umut) und …*

LESEN

Im Flur

Mama ist
mit Tante Rosa
im Flur.
Papa ruft: Timo!

Tante Rosa ist toll!
Tante Rosa ist immer so nett.
Timo rennt los.
Er ruft: Tante Rosa!

Timo umarmt Tante Rosa.
Tante Rosa umarmt Timo.
Tante Rosas Mantel ist nass.
Timos Pulli ist nun nass.

○ Personen u. Gegenstände benennen; Was macht (Timo)?; ○ lesen, Text-Bild-Beziehungen herstellen; ● überlegen, warum Timo die nasse Tante so drückt

der Pulli, losrennen, toll, nett, rosa

Wiederholung der bisher eingeführten Buchstaben

Alle essen

Timo nimmt Tante Rosa am Arm.

Alle essen nun Suppe mit roten Linsen.
Timo muss pusten.

Erster!

Timos Teller ist leer.
Timo ruft: Erster!
Alle 😊 .

▶ nach AH A, S. 76–77

der Löffel, die Suppe, die Linsen, nehmen, pusten, dampfen, erster, alle

○ Wer führt Tante Rosa zum Tisch? (Vorlesen);
○ Warum muss Timo pusten?; ● Wen magst du besonders gern aus deiner Familie? Was/Wie esst ihr zu Hause?

VORLESEN

Laura weiß was Wichtiges

Laura läuft zu ihrer Mama:
„Ich muss dir was Wichtiges sagen!"
„Später, Schatz!", sagt Mama.
„Geh zu Papa!"

Laura läuft zu Papa:
„Ich muss dir was Wichtiges sagen!"
„Später, Schatz!", sagt Papa.
„Geh zu Oma!"

Laura läuft zu Oma:
„Ich muss dir was Wichtiges sagen!"
„Später, mein Liebling!", sagt Oma.
„Geh zu Opa!"

Laura läuft zu Opa:
„Ich muss dir was Wichtiges sagen!"
„Später, mein Goldkind!", sagt Opa.
„Geh doch zu Katrin!"

Laura läuft zu ihrer Schwester:
„Ich muss dir was Wichtiges sagen!"
„Verschwinde! Du störst!", zischt Katrin.
„Geh doch zu Moritz!"

1. Beschreibung der Bilder; Wortschatz klären: *Wer ist das wohl auf dem Bild? – Papa/die große Schwester usw.; Was tut (der Papa)? – Er badet.*; 2. Vorlesen des Texts

der Schatz (Kosewort), der Liebling, das Goldkind (Kosewort), die Pflanze, die Gießkanne, verschwinden, stören, zischen, wichtig, später

Laura läuft zu ihrem Bruder:
„Ich muss dir was Wichtiges sagen!"
„Lass mich in Ruhe!", knurrt Moritz.

Laura läuft in ihr Zimmer
und holt ihre Trompete.
Sie stellt sich auf die Treppe
und bläst, dass die Wände wackeln.

Da kommen sie alle gelaufen:

„Was ist denn los?", fragt Mama.
„Überschwemmung in der Küche!", sagt Laura.
„Das Wasser läuft aus der Spülmaschine."
„Warum hast du das denn nicht gleich gesagt!",
rufen alle im Chor.

Rosemarie Künzler-Behncke

💬 der Chor, die Trompete, die Wand,
die Überschwemmung, die Spülmaschine,
knurren, blasen, wackeln, los sein, gleich
(sofort), in Ruhe lassen

3. D Schlussbild: Personen mit Attributen
benennen: *Das ist Opa mit der Zeitung.* ...
4. Transfer: eigene Kosenamen; Text nacherzählen; generativ: ähnl. Szenen erfinden

53

Ich stelle mir vor

● **der** Karton

● **der** Hubschrauber

● **der** Flügel

● **das** Flugzeug

● **das** Auto

Was/Wer ist das? – Das ist (der Karton).;
Was möchte (Mia)? – (Mia) möchte (mit dem
Auto) fahren.; ◨ *Was stellt sich (Umut) vor? –*
(Umut) stellt sich (ein Motorrad) vor.

der Müll, der Hof, der Doppeldecker,
der Monster-Truck, der Propeller,
der Lenker, der Schwimmring,
der (Hula-Hoop-)Reifen, der Rechen

▶ ◉ Audio-CD Track 32

SPRECHEN

● **das** Rad

○ **die** Räder

● **das** Motorrad

fahren

fliegen

🗨 der Pfannenwender, der Eierkarton, die Palette, die Mauer, die Regentonne, das Brett, sich (etwas) vorstellen, träumen, möchten, bauen, schnell

▣ *Was braucht (Umut) für (sein Motorrad)? – (Umut) braucht für (sein Motorrad den Karton, die Steine, den Ast und das Kissen).*
❗ Anbahnung: Akkusativ und Pluralformen

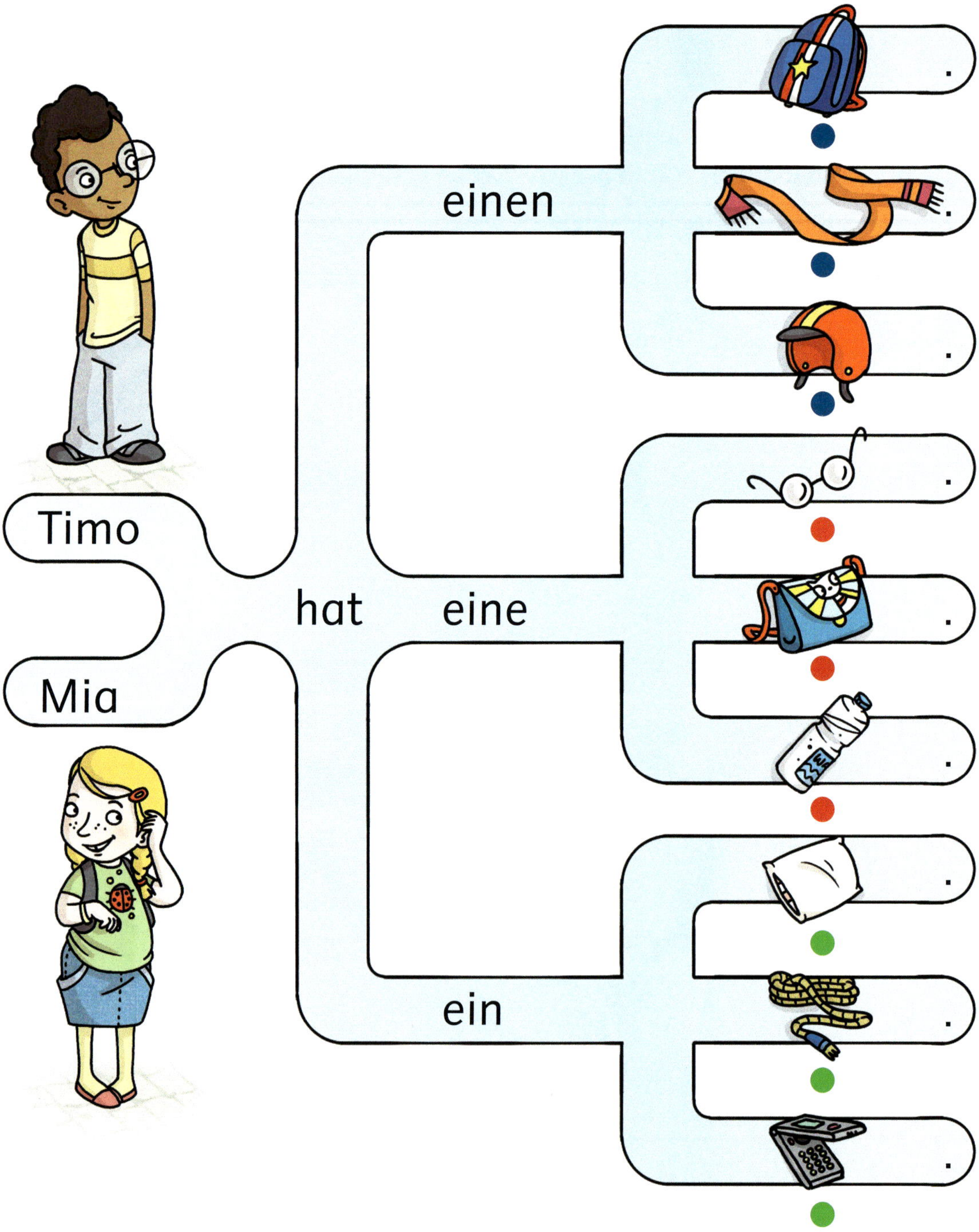

SPRECHEN

Timo / Mia hat einen / eine / ein ...

Partnerarbeit: Mithilfe der Satzstraße Sätze bilden: *Timo hat einen Rucksack*. [Anbahnung des unbestimmten Artikels im Akkusativ]

der Rucksack, der Schal, der Helm, der Rücksitz, die Tasche, das Handy; der Weg, die Satzstraße, die Partnerarbeit, darüber, darunter

▶ AH B, S. 6/7

Q der Hut, die (Flieger-/Sonnen-)Brille, das Lenkrad, (die Arme) ausbreiten, tun als ob, lenken, steuern, brauchen, mitnehmen

Verifizierung der Sätze von S. 54 anhand der Abbildungen: *Das stimmt / stimmt nicht.*
D Sätze zu den Bildern: *Timo nimmt ein Seil mit. / Lina braucht einen Hut.* …

LESEN

Timo reist mit Leo

Timo ist ein Pilot.
Er hat eine rote Hose an.
Er pumpt Luft in einen Reifen.

Leo hilft Timo.
Er hat eine Leiter.
Er hat einen Eimer.
Leo nimmt einen Pinsel.
Er

O, nein, Leo!

○ vorlesen, was Timo u. Leo tun; ○ überlegen, weshalb hier „O, nein, Leo!" steht; ● Was ist ein Pilot?; erklären, wer mit „er" gemeint ist; Geschichte weitererzählen

◯ der Pilot, der Eimer, der Bademantel, der Reifen, der Sonnenhut, die Hose, die Farbe, die Luft, die Luftpumpe, die Pfütze, die Windhose

▶ **nach** AH B, S. 2–5, 8–12

Ei/ei   H/h

Mia reist mit Lina

Mias 🚙 ist rosa.
Mia hat
einen roten Helm.

Lina hat einen Hut,
einen roten Sonnenhut.
Lina ruft:
Hilfe! Mein Hut!
Lina rennt los.
O, nein, Lina!

SPRECHEN

Timo

● der Urwald

● der Baum

○ die Bäume

● die Pflanze

● die Nacht

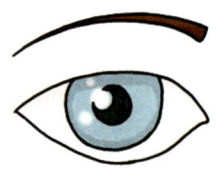
● das Auge

Mithilfe der Wort-Bilder den Wortschatz für die Geschichte erarbeiten; anhand der Bilder die Geschichte erzählen und Vermutungen über deren weiteren Verlauf anstellen

der Urwald, die Nacht, die Sonne, untergehen, landen, sich fürchten/Angst haben, aussteigen, hinter; erzählen, weitergehen (Handlg.)

Mia

● der Berg

○ die Berge

● der Zauberstab

● die Spur

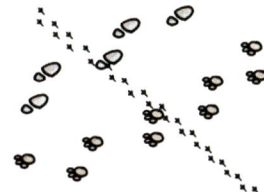
○ die Spuren

● die Höhle

auf

💬 der Berg, der Zauberstab, die Spur, die Höhle, die Kurve, parken/abstellen, bleiben, glitzern, steil, staubig, kurvig, schmal, auf, der Pfeil

Vorgehensweise wie auf S. 60;
D szenisches Spiel; Erarbeitung der Präpositionen: hinter (dem Baum/Timo …), auf (dem Berg/dem Boden …)

LESEN 📖

Timo

Auf einmal
ist da eine Hand.
Ist das ein Affe?
Nein, es ist ein Monster!
Es hat ein Fell.
Das Fell ist lila.
Das Monster
hat drei 👁.
Es hustet laut.

So oder so?

Da sind andere Monster.
Timo ruft: „Hilfe!"
Er rennt los.

Timo holt Hustensaft.
Das Monster nimmt
den Hustensaft.

Und dann?

○ vorlesen, was Timo zuerst sieht, vorlesen, wie das Monster aussieht; ○ erklären, wer mit „es" gemeint ist, wer mit „er" gemeint ist; ● Lesen, Weitererzählen

💬 der Hustensaft, das Monster, das Fell, husten, zuhalten, um Hilfe rufen, unheimlich, laut, gestreift, auf einmal, da, andere, dann, unterschiedlich

▶ nach AH B, S. 13–22
D/d Au/au

Mia

Mia nimmt den .
Und nun?
Mia rennt los.
Mia findet in der  Aurelia.
Aurelia ist eine Fee.
Aurelia ruft:
O, du hast meinen !
Mia holt den  aus der .
Aurelia umarmt Mia.

So oder so?

Mia und Aurelia
laufen aus der .
Da ist Mias Auto.

Aurelia ruft: Mia,
hast du einen Traum?

Und dann?

der Traum, die Fee, schwingen, wünschen   ○ vorlesen, was Mia Besonderes mitnimmt; vorlesen, wer Aurelia ist; ○ erklären, wem der Zauberstab gehört; ● Lesen, Weitererzählen

VORLESEN

Was der kleine Bär sich wünscht

"Kleiner Bär!", sagte Mutter Bär.
„Ja, Mutter?", sagte der kleine Bär.
„Schläfst du noch nicht?",
sagte Mutter Bär.
„Nein, Mutter", sagte der kleine Bär.
„Ich kann nicht schlafen."
„Warum nicht?", sagte Mutter Bär.
„Ich bin am Wünschen",
sagte der kleine Bär.
„Was willst du dir denn wünschen?"
sagte Mutter Bär.

„Ich möchte auf einer Wolke sitzen
und überall herumfliegen",
sagte der kleine Bär.
„Das kann man nicht wünschen,
mein kleiner Bär",
sagte Mutter Bär.

„Dann möchte ich
einen Tunnel finden,
der bis nach China geht",
sagte der kleine Bär.
„Dann laufe ich nach China
und bringe dir Essstäbchen mit."
„Das kannst du nicht wünschen,
mein kleiner Bär", sagte Mutter Bär.

1. Über eigene Wünsche sprechen
2. Text vorlesen; Wünsche klären (Bilder)
3. Über die *Geschichten von früher* anhand der Denkblase sprechen

der Bär, der Tunnel, der Kuchen, der Wunsch, die Mutter, die Wolke, die Prinzessin, die Geschichte, das Essstäbchen, das Schloss (Gebäude)

„Dann wünsche ich
ein großes rotes Auto",
sagte der kleine Bär.
„Und ich fahre
schnell, schnell davon
und dann komme ich
zu einem großen Schloss. Und dort
kommt eine Prinzessin heraus und sagt:
‚Willst du ein Stück Kuchen haben,
kleiner Bär?' Dann esse ich den Kuchen."
„Das kann man nicht wünschen,
mein kleiner Bär", sagte Mutter Bär.

Da sagte der kleine Bär:
„Dann wünsche ich,
dass eine Mutter Bär
zu mir kommt und sagt:
‚Soll ich dir eine Geschichte erzählen?'"
„Gut", sagte Mutter Bär,
„das kannst du dir wünschen.
Das ist ein feiner Wunsch."
„Danke, Mutter", sagte der kleine Bär,
„das wünsche ich mir schon lange."
„Was für eine Geschichte möchtest du
denn hören?", sagte Mutter Bär.
„Erzähl mir etwas von mir",
sagte der kleine Bär.
„Erzähl, was ich früher alles gemacht habe."

Else Holmelund Minarik

Q das Stück, China, klein, schlafen,
herumfliegen, finden, kommen, groß,
fein, warum, überall, lange, etwas, früher

D Was könnte der kleine Bär sich noch
wünschen? / Was hast du früher gemacht?
D die Geschichte als Faltbüchlein gestalten;
dabei Fortführung mit eigenen Ideen

Zeit für mich

● der Fußball

● der Mond

○ die Sterne

● die Uhr

● die Sonne

Was macht Umut (morgens)? – Morgens steht Umut auf. [**I** abgetrennte Vorsilbe!]
D *Was machst du (morgens)?*

der Schlafanzug, der Hocker, die Tageszeit, die Spagetti, das Mobile, aufwickeln, scheinen, einschlafen, müde

▶ ● Audio-CD Track 33

SPRECHEN

Zähne putzen

schlafen

aufstehen

dunkel

hell

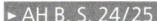
► AH B, S. 24/25

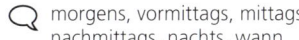
morgens, vormittags, mittags, nachmittags, nachts, wann

Umkehrung der Frage: *Wann (isst) Umut? – Umut (isst mittags).* ▷ *Wann isst man noch?;*
▷ Wiederholung der Farben
▷ *Woran erkennst du die Tageszeit?*

SPRECHEN

Was machen die Kinder nachmittags?

1. Benennung der Freizeitaktivitäten
2. *Was macht (Mia/Umut) nachmittags?*
   – (Mia fährt) nachmittags (Fahrrad).
   (Umut spielt) nachmittags (Fußball).

der Monitor, der Roller, der Kopfhörer,
die Seilbahn, die CD, das Memory®,
das Skateboard, das Mauseloch,
die Flöte, die Playstation, skaten, flöten

D *Was machst du nachmittags / gerne?*
D pantomimische Darstellung der Nachmittagsaktivitäten bzw. Vorstellung von Spielzeugen / Freizeitaktivitäten

LESEN

An der Ampel – auf dem Schulhof

Die Sonne scheint.
Umut muss
in die Schule.
Er nimmt die Schultasche.

An der Ampel
trifft Umut Emira.
Umut findet sie nett.

Emira ruft: Da ist Momo!
Dann ruft sie: Hallo, Momo!
Momo rennt los.
Er muss schauen.

Hallo, Momo!

In der Pause
laufen Umut und Momo
schnell in das Tor.
Mia rennt mit.
Umut ist als Erster da.

○ Abschnitt vorlesen, das Gelesene wiedergeben; ○ vorlesen, warum Umut die Schultasche nimmt, wen er trifft, was er in der Pause tut
● vom eigenen Schulweg erzählen

der Himmel, der Zaun, der Schnee, die Pause, (jmdn.) treffen, (jmdn. nett) finden, hallo

▶ nach AH B, S. 26–32

Im Hort

Im Hort essen Mia und Umut
bunte Nudeln
und Salat mit Tomaten.
Alle finden die Nudeln toll.

Dann lesen Mia und Umut
in einem Leseheft.
Erst liest Umut, dann liest Mia.

Nun malen
Mia und Umut Tiere
und raten
die Namen.

Um ● Uhr
ist im Hort Schluss.
Umuts Papa
holt Umut ab.
Mias Mama holt Mia ab.

der Hort, der Schluss, die Garderobe, das Leseheft, das Schaf, die Nudeln, abholen, bunt

○ Wann wird Umut aus dem Hort abgeholt?;
○ vorlesen, wie Umut und Mia das Heft lesen;
● vom eigenen Nachmittag berichten; Tiere malen und erraten lassen

SPRECHEN

Eladiladilo

Am Dienstag … stampfen alle mit …
Am Mittwoch … patschen alle mit …
Am Donnerstag … schnipsen alle mit …

Am Freitag … hüpfen alle mit …
Am Samstag … winken alle mit …
Am Sonntag … dreh'n sich alle mit …

1. Bewegungen (Emira) üben und benennen
2. Bewegungslied mit den Wochentagen singen und in Bewegung umsetzen
❗ Alle Wochentage sind Maskulina.

der Montag, der Dienstag, der Mittwoch, der Donnerstag, der Freitag, der Samstag [❗ *Sonnabend*], der Sonntag, stampfen, patschen, schnipsen, drehen

▶ ◉ Audio-CD Track 9/10

Welcher Tag ist es?

Mo	Die	Mi	Do	Fr	Sa	So

Wer ist es?

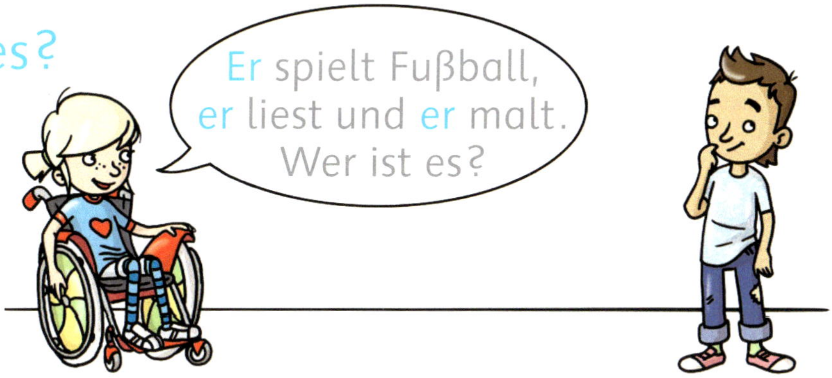

"Er spielt Fußball, er liest und er malt. Wer ist es?"

er   er   sie   sie

der (Wochen)plan, der Wochentag, die Woche, schwimmen; [Abkürzungen für Wochentage: Mo, Die … klären], er, sie

Mia tanzt. Umut liest. Welcher Tag ist es? – Es ist (der) Dienstag.; Umkehrung der Frage: Er spielt … Wer ist es? Es ist …; Einführung der Personalpronomina (Genus)

LESEN

Hofpause

Es schneit.
Umut schaut aus dem Fenster.
In einer Minute ist Hofpause.
Leise holt Umut
seine Handschuhe
aus seiner Schultasche.

Auf dem Schulhof ist Schnee.
Hinter dem Tor
ist ein Haufen aus Schnee.
Umut, Mia und Timo
rennen schnell dorthin.

Umut hat eine Schneehose an.
Er rutscht auf dem Po
den Schneehaufen hinunter.
Mia und Timo rutschen
ohne Schneehose hinunter.

○ vorlesen, welches Kind eine Schneehose an-hat, wie der Hausmeister heißt; ● D eigene Wintererlebnisse erzählen und dazu malen

der Handschuh, Schneeschieber, der Haufen, die Hofpause, die Minute, die Schneehose, es schneit [❗ unpersönliches Subj.], leise, dorthin, ohne

Wiederholung der bisher eingeführten Buchstaben

Und dann?

Timo schreit laut:
Hilfe, meine Hose ist nass!
Mia dreht sich um und schaut
ihren nassen Po an.
Sie meint: Schade, dass niemand
einen Schlitten dabeihat!

Auf einmal ist der Hausmeister
Herr Demir da.
Herr Demir ruft: He, ihr drei,
lasst meinen Schneehaufen in Ruhe!
Niemand darf hier rutschen!

Umut, Mia und Timo
drehen sich um.
Sie schauen Herrn Demir an.

Und dann?

▶ AH B, S. 34/35

💬 der Schlitten, der Herr [Anrede], sich umdrehen, dabeihaben, schade, niemand, ihr

○ erklären, wer jeweils mit „sie" gemeint ist; erklären, weshalb Herr Demir wohl wütend ist;
● über den Fortgang der Geschichte spekulieren und D ggf. verschriften;

VORLESEN

Die kleine Raupe Nimmersatt

Nachts, im Mondschein,
lag auf einem Blatt
ein kleines Ei.

Und als an einem schönen Sonntagmorgen
die Sonne aufging,
hell und warm,
da schlüpfte aus dem Ei
– knack –
eine kleine
hungrige
Raupe.

Sie machte sich auf den Weg, um Futter zu suchen.

 Am Montag fraß sie sich durch einen Apfel,
aber satt war sie noch immer nicht.

 Am Dienstag fraß sie sich durch zwei Birnen,
aber satt war sie noch immer nicht.

 Am Mittwoch fraß sie sich durch drei Pflaumen,
aber satt war sie noch immer nicht.

 Am Donnerstag fraß sie sich durch vier Erdbeeren,
aber satt war sie noch immer nicht.

 Am Freitag fraß sie sich durch fünf Apfelsinen,
aber satt war sie noch immer nicht.

1. Text abschnittweise vorlesen und über die zugehörigen Bilder sprechen
2. Wechselsprechen: Vorleser: *Am Montag fraß sie sich …* – Chor: *aber satt war …*

der Lolli, der Kokon, der Schmetterling, die Raupe, die Pflaume, die Erdbeere, die Apfelsine, die Schokolade, die (Eis) Waffel, die Gurke, die Scheibe, die Wurst

Am Sonnabend fraß sie sich durch

ein Stück Schokoladenkuchen,
eine Eiswaffel, eine saure Gurke,
eine Scheibe Käse, ein Stück Wurst,
einen Lolli, ein Stück Früchtebrot,
ein Würstchen, ein Törtchen
und ein Stück Melone.

An diesem Abend hatte sie Bauchschmerzen!

Der nächste Tag war wieder ein Sonntag.
Die Raupe fraß sich durch ein grünes Blatt.
Es ging ihr nun viel besser.
Sie war nicht mehr hungrig, sie war richtig satt.
Und sie war auch nicht mehr klein,
sie war groß und dick geworden.

Sie baute sich ein enges Haus, das man
Kokon nennt, und blieb darin
mehr als zwei Wochen lang.
Dann knabberte sie sich ein Loch in den Kokon,
zwängte sich nach draußen und …

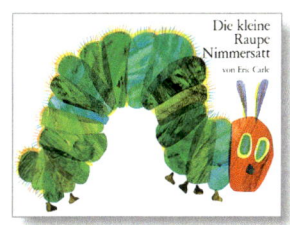

war ein wunderschöner Schmetterling!

Eric Carle

Q das Blatt, das Würstchen, das Törtchen,
die Bauchschmerzen, schlüpfen, knabbern,
zwängen, warm, hungrig, satt, dick, eng,
wunderschön, draußen

D generatives Sprechen: weitere Lebensmittel
im Wochenlauf (auch Menge variieren)
D Schreib-/Malaufg.: *Was ich jeden Tag gern
essen würde* (Bild mit Locher lochen)

Das kann ich schon

Wiederholung des eingeführten Wortschatzes; Partnerarbeit.
Spielmaterial: 1 Farbwürfel, 1 Augenwürfel, 2 Spielsteine, 2 Büro- oder Wäscheklammern (oder 2 weitere Spielsteine).

Spieler 1 würfelt mit beiden Würfeln, setzt seinen Spielstein auf das gewürfelte Feld und nennt das entsprechende Wort. **Spieler 2** kontrolliert, falls nötig auf den betreffenden Kapitelseiten (ggf. unter Zuhilfenahme eines zweiten Buches).

SICHERN UND FESTIGEN

Spieler 1 darf bei richtiger Antwort auf seiner Zielleiste – am rechten bzw. linken Seitenrand – ein Feld vorrücken (Markierung auf der Zielleiste: *Spielstein* neben dem Buch vorrücken oder *Klammer* an der Seite befestigen und verschieben).

Nun ist **Spieler 2** an der Reihe. Wer auf ein Sternfeld kommt, darf – ohne zu sprechen – ein Feld auf der Zielleiste vorrücken.

Computermaus und Lesekater

- der Fernseher

- der Film

- der Comic

- die CD

- die DVD

Kennst du (Conni)? – Ja, ich kenne das Buch;
mediale Vorerfahrungen / Vorlieben aktivieren;
Wahrnehmungskanäle zuordnen: Die (DVD
Sponge-Bob) kann ich (ansehen).

der Titel, der CD-Player,
der DVD-Player, der Kassettenrekorder,
der Umschlag, die (CD-/DVD-)Hülle,
die Ausstellung, das Kino

▶ ◉ Audio-CD Track 34

SPRECHEN

"Kennst du Conni?"

"Ich kenne das Buch auf Arabisch."

• die Kassette

• die Schrift

• das Buch

hören

fernsehen

▶ AH B, S. 36/37

die Fernbedienung, das Hörspiel, das Zeichen (Piktogramm), das Schild, kyrillisch, russisch, vorstellen, kennen, am liebsten

Mehrsprachigkeit/Schriften/Herkunftsländer der Literatur thematisieren;
ОЧЕНЬ ГОЛОДНАЯ ГУСЕНИЦА (ótschin galódnaja gússinidtza) (russ.) – die Raupe Nimmersatt

81

SPRECHEN

Was hast du gestern gesehen?

Hast du gestern Sponge-Bob gesehen?

Ja, ich habe Sponge-Bob gesehen.

Mia, hast du gestern Bibi Blocksberg gesehen?

Nein, ich habe Bibi Blocksberg nicht gesehen. Ich habe Löwenzahn gesehen.

Hast du gestern (Sponge-Bob) gesehen? – Ja, ich habe Sponge-Bob gesehen [Fragen bilden durch Inversion; Zeitform Perfekt]; eigene Fernseherfahrungen besprechen

die (Fernseh)Sendung, das Geländer, lehnen, falsch herum; [Titel von Kindersendungen]

Was siehst du am liebsten?

"Ich sehe am liebsten „Die Sendung mit der Maus"."

"Was siehst du am liebsten?"

hinter

vor

die Lieblingssendung, (das Logo), abstimmen, aufstellen, vor, in der Mitte

Was siehst du am liebsten? – Ich sehe am liebsten … (eigene Vorlieben artikulieren); Was sieht (Umut) am liebsten? Wo steht (Umut)? – (Umut) steht vor Natalia.

LESEN

Lina sieht fern.
— Lina, komm! Schalte den Fernseher aus!
— Nein!

Leo bittet Lina.
— Bitte Lina, komm mit in den Park!
— Nein! Sei leise! Das ist so ein toller Film.

Leo nimmt Linas Ball und rennt los. Lina ist sauer.
— Hole dir deinen Ball!
— Leo! Lass das!

○ Bildergeschichte nacherzählen; ○ sinnbetontes dialogisches Sprechen üben; szenisches Lesen mit verteilten Rollen: Erzähler, Lina, Leo

der Fußballplatz, die Sportschuhe, bitten, wegnehmen, (unter den Arm) klemmen, (etwas) lassen, besser (als), sauer (verärgert)

▶ nach AH B, S. 38–47

K/k   B/b

doof, bitte, schon, die Bildergeschichte

○ Imperativsätze besprechen [❗ unregelmäßige Bildung *sei*]; ● über eigene Interessenkonflikte und deren Lösungen beraten

SPRECHEN

Am Abend

Anhand der Bilder über die verschiedenen Fortsetzungsmöglichkeiten der Streitsituation sprechen; im Rollenspiel verschiedene Varianten ausprobieren (Imperativ verwenden)

der Streit, die Zeitschrift, die (Bett)Decke, die Taschenlampe, die Puppe, das Kuscheltier, Pinocchio, dürfen, streiten, (he)reinkommen

Und nun?

So?

Oder so?

Oder so?

Oder …?

nachschauen, aufgehen (Tür), heimlich, verboten, gemeinsam, (das) obere/ untere (Bett)

Über eigene Konflikte mit Geschwistern, über Einschlafrituale und Fernsehgewohnheiten sprechen; Weiterführung Imperative; Wiederholung Modalverben

LESEN

Rate mal!

 Ich sehe immer fern.
KI.KA finde ich prima.
Bei *Löwenzahn* kann ich tolle Sachen lernen.
Aber am liebsten sehe ich .

 Ich sehe nicht oft fern.
Ich male lieber oder lese ein Buch.
Mein Buch kann ich immer mitnehmen.
Am liebsten lese ich im Park.

 Nach der Schule mache ich Karate.
Danach treffe ich oft andere Kinder.
Abends sehe ich fern.
Meistens sehen sich meine Eltern
mit mir einen Film an.

 Milan  Timo  Dilara

Ich sehe manchmal fern.
Im Sommer bin ich lieber auf dem Hof.
Da sind auch die anderen Kinder.
Momo und ich fahren oft mit dem Fahrrad.

Ich lese oft, aber ich sehe noch lieber fern.
Manchmal kauft mir meine Oma ein Buch.
Manchmal leiht mir Umut einen Film.
Ich suche mir immer tolle Sachen aus.

Ich habe leider keinen Fernseher.
Aber ich sehe oft bei meiner Tante fern.
Manchmal sehe ich bei Umut
oder bei Matteo einen Film.
Am besten finde ich Pettersson und Findus.

Emira　　　　　　Mia　　　　　　Umut

leihen, aussuchen, leider;
[Adverbien der Häufigkeit]:
oft, meistens, manchmal

● D Rätsel mit eigenen Vorlieben gestalten (Bilder, Texte) und von anderen Kindern erraten lassen bzw. in der Klasse ausstellen; Adverbien der Häufigkeit differenzieren

VORLESEN

Pippi Langstrumpf

Am Rand der kleinen, kleinen Stadt
lag ein alter verwahrloster Garten.
In dem Garten stand ein altes Haus.
Es hieß Villa Kunterbunt.
In dem Haus wohnte Pippi Langstrumpf.
Pippi war neun Jahre alt.
Sie wohnte ganz allein da.
Sie hatte keine Mama und keinen Papa.
Eigentlich war das sehr schön.
Niemand war da, der sie mitten im Spiel ins Bett schickte.

Pippi war ein sehr merkwürdiges Kind.
Das Allermerkwürdigste an ihr war, dass sie so stark war.
Pippi konnte ein ganzes Pferd hochheben, wenn sie wollte.
Und das wollte sie. Sie hatte sich ein eigenes Pferd
für viel Geld gekauft. Jetzt wohnte es auf der Veranda.
Aber wenn Pippi dort sitzen wollte,
hob sie es in den Garten hinaus.

1. Illustrationen beschreiben; Vorwissen zu *Pippi Langstrumpf* aktivieren; Wortschatz und Namensgebung *(Langstrumpf)* klären
2. Vorlesen und über den Text sprechen

der Rand, der Garten, die Stadt, die Villa, die Veranda, die Flagge, das Pferd, das Geld, Polen, Schweden, Israel, schicken, kaufen

Pippi in der Schule

„Was meinst du", sagte die Lehrerin. „Wollen wir jetzt nicht mal sehen, was du weißt? Wir wollen mit Rechnen anfangen. Na, Pippi, kannst du mir sagen, wie viel 7 plus 5 ist?" Pippi sah die Lehrerin erstaunt und ärgerlich an. Dann sagte sie: „Ja, wenn du das nicht selbst weißt. Denk ja nicht, dass ich es dir sage."

Astrid Lindgren

So heißt **Pippi Langstrumpf** in anderen Ländern:

 **Pippi Långstrump** in Schweden,

 Pippi Longstocking in Großbritannien,

בילבי בת-גרב (**Bilbee Bat-Gerev**) in Israel,

 长袜子皮皮 (**Changwazi Pipi**) in China.

Die Pippi-Geschichten gibt es in vielen Sprachen, zum Beispiel:

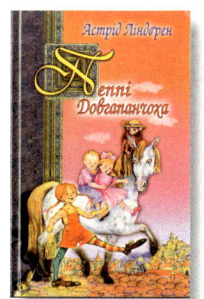 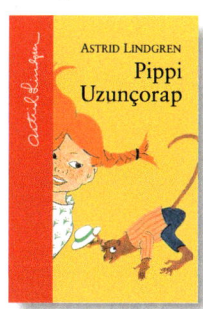 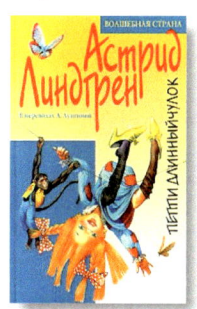 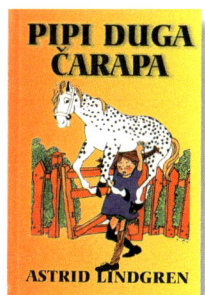

auf Ukrainisch   auf Türkisch   auf Russisch   auf Bosnisch

Q rechnen, anfangen, verwahrlost, merkwürdig, stark, ganz, erstaunt, ärgerlich, ukrainisch, bosnisch, kein/keine, eigenes, mitten, viel, hinaus, selbst

3. Titel *Pippi Langstrumpf* in verschiedenen Sprachen/Schriften thematisieren;
D (*Was ist ähnlich, was ist anders?* Vornamen, Nachnamen, Schriften, Illustration)

Die Welt um mich herum

● **der** Bagger

● **der** Elefant

● **der** Löwe

● **der** Tiger

● **die** Giraffe

Wer spielt mit (dem Tiger)? – (Emira) spielt mit (dem Tiger).; Wo ist (der Löwe)? – (Der Löwe) ist (im Käfig).

der Zoo/der Tierpark, der Hügel, der Sand, der Blumentopf, der Käfig, der Fluss, die Schaufel, die Brücke, das Gehege, das Förmchen

▶ ● Audio-CD Track 35

SPRECHEN

● das Flusspferd

● das Krokodil

● das Zebra

unter

neben

▶ AH B, S. 54/55

buddeln, graben, (an etwas) ziehen, womit, neben, unter

Wiederholung der eingeführten Präpositionen *(am, im, auf …)*; Neueinführung *unter, neben*; Konflikte/Konfliktanbahnung thematisieren

SPRECHEN

Womit spielst du?

Ich spiele mit dem roten Bagger. Womit spielst du?

Ich spiele mit dem kleinen, blauen Bagger.

Ich spiele mit dem großen, gelben Bagger.

Der Kasten ist leer.

Wo steht der (kleine, blaue) Bagger? – Der (kleine, blaue) Bagger steht neben/über/ unter dem (großen, roten Bagger).; Womit spielst du? – Ich mit spiele mit dem …

das (Regal)Fach, aufmachen, enttäuscht, über

Wer hat den Bagger aus dem Kasten geklaut?

- Wer hat den Bagger aus dem Kasten geklaut?
- **Matteo** hat den Bagger aus dem Kasten geklaut!
- Wer, ich?
- Ja, du!
- Niemals!
- Wer dann?
- **Umut** hat den Bagger aus dem Kasten geklaut!
- Wer, ich?

 klauen

Rhythmus nach dem Muster *Wer hat den Keks aus der Dose geklaut* (Kinder klatschen auf die Schenkel); Einübung des Perfekts, der Wer-Frage und der Personalpronomen

LESEN

Der Bagger

Dieser Bagger ist gelb.
Der gelbe Bagger hat 4 Rollen.
Die Rollen sind rot.
An den roten Rollen sind die Ketten.
So kann der gelbe Bagger fahren.

Der Bagger baggert mit der Schaufel.
Die Schaufel schaufelt Sand und Erde.
Der Bagger baggert einen Graben.
Der Graben ist tief.

- Hat dieser Bagger Rollen oder Reifen?
- Baggert der Bagger ein Loch?

○ Sachtexte lesen und Fragen dazu beantworten; diskontinuierliche Texte: Schaubildern Informationen entnehmen; Legenden nutzen; Fachbegriffe verstehen

der Graben, der Fahrer, der Greifer, der Arm [❗ Fachbegriff thematisieren], der Hebel, der Motor, die Rolle, die Kette, die Kabine, das Loch

▶ nach AH B, S. 56–59

G/g

Der Baggerfahrer

Ein Bagger hat eine Kabine.
Die Kabine ist aus Glas.
In der Kabine ist der Fahrer.
Der Baggerfahrer
kann alles sehen.

Dieser Bagger ist blau.
Der blaue Bagger hat einen Greifer.
Der Greifer greift das Rohr.
Er legt das Rohr in den Graben.

- Finde den Motor im Bild.
- Finde auch den Arm im Bild.

das Glas (Material), das Rohr, können, baggern, schaufeln, greifen, tief, diese/-r/-s, alles

selbst Fragen zum Bild stellen; Wortfamilien erkennen: Zusammenhang von Nomen und Verb (Bagger/baggern; Schaufel/schaufeln, Greifer/greifen)

SPRECHEN

Der Elefant

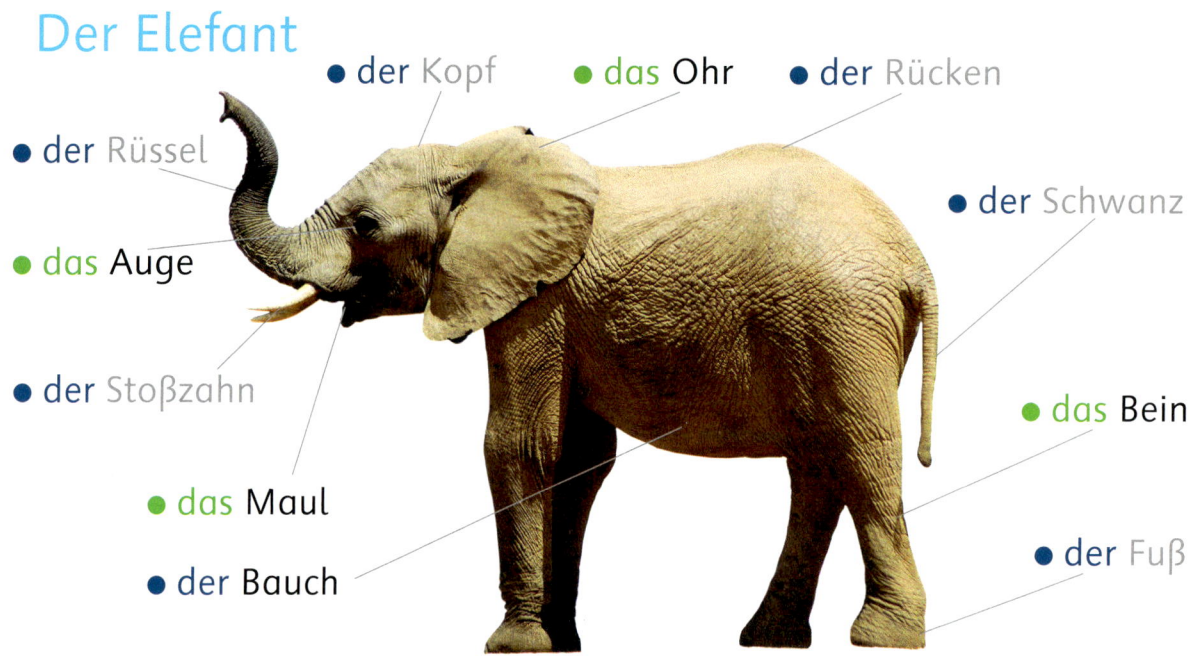

- der Kopf
- das Ohr
- der Rücken
- der Rüssel
- der Schwanz
- das Auge
- der Stoßzahn
- das Bein
- das Maul
- der Fuß
- der Bauch

Mit dem Rüssel kann der Elefant …

diskontinuierliche Texte: einem Schaubild Informationen entnehmen; Legenden nutzen; Fachbegriffe verstehen (*Maul* statt *Mund, saufen – trinken, fressen – essen*)

der Rüssel, der Stoßzahn, der Kopf, der Bauch, das Maul, fressen, saufen, schmusen, spritzen

Einen Elefanten kneten

① rollen

② bauen

③ spielen

Mein Elefant ist rot. Ich habe einen roten Elefanten.

Mein Elefant ist bunt. Ich habe einen bunten Elefanten.

der Zahnstocher, die Kugel, die Walze, rollen, formen, kneten, andrücken, herausziehen, zusammensetzen, verstreichen, zuerst, danach, zum Schluss

Bastelanleitung handelnd und sprachlich umsetzen; D Temporaladverbien nutzen *(zuerst, dann, jetzt, am Ende …)*; Flexion unbestimmter Artikel und Adjektive

LESEN

Elmar, der Elefant

Helena hat ein Buch dabei.

Helena hat ein Bild gemalt.
Sie sagt: Das ist Elmar!
Elmar ist ein Elefant.
Aber Elmar ist nicht
wie alle Elefanten.
Elmar ist anders!
Elmar ist nicht grau.

Elmar ist bunt!
Er ist gelb
und rot
und blau
und rosa
und lila
und  und
und  und  .

○ Farbadjektive beim Lesen ergänzen; Wie sieht Elmar aus? Wie sehen die anderen Elefanten aus?; ○ Funktion der (markierten) Pronomen klären

die Idee, grau, froh, gut, wegrennen

▶ nach AH B, S. 60–65

W/w

Wenn Elmar da ist,
dann sind alle Elefanten froh
Sie lachen und toben
mit Elmar.

Aber Elmar
will nicht bunt sein.
Elmar will so sein
wie die anderen Elefanten.

Alle anderen Elefanten
sind grau.
Grau, nicht bunt!
Elmar will auch grau sein.
Nicht bunt!

Elmar hat eine gute Idee.
Er rennt in der Nacht weg …

● Warum will Elmar wohl nicht bunt sein?
Worin unterscheidest du dich von anderen?;
◨ über Bücher in anderen Sprachen (hier griechisch) sprechen und diese vorstellen

VORLESEN

Elmar

Er lief und lief,
und endlich fand er
einen großen Busch mit
elefantenfarbenen Beeren.
Elmar ergriff den Stamm mit
seinem Rüssel und rüttelte und schüttelte,
dass die Beeren nur so
auf den Boden prasselten.

Als der Boden mit Beeren bedeckt war,
wälzte Elmar sich rechtsherum
und linksherum, vorwärts und rückwärts.
Schließlich war nichts mehr zu sehen
von dem Gelb, dem Orange, dem Rot,
dem Rosa, dem Lila, dem Blau, dem Grün,
dem Schwarz und dem Weiß. Elmar
sah genauso aus wie jeder andere Elefant.

Als Elmar wieder
zu seiner Herde kam,
hielten alle Elefanten
ihr Mittagsschläfchen.
Keiner bemerkte Elmar.

Schließlich hob er den Rüssel und brüllte,
so laut er nur konnte: BUUH!

1. Über den Fortgang der Elmar-Geschichte (S. 100/101) mithilfe der Bilder spekulieren, Wortschatz klären; 2. Text vorlesen; Fragen zu Bildern: *Welcher Elefant ist Elmar?*

der Busch, der Stamm, die Beere, die Herde, die Färbung, die Zeit, das Mittagsschläfchen, rütteln, schütteln, prasseln, wälzen, brüllen, purzeln ❗ Verben im Präteritum

Die Elefanten
purzelten vor Schreck
durcheinander.

„Elmar!", riefen sie.
„Das kann nur Elmar sein."

Dann lachten sie los.
Sie lachten so laut, dass
die Regenwolke sich zusammenzog.
Ein gewaltiger Regen rauschte
herunter. Elmars karierte Färbung
kam wieder zum Vorschein.

„Diesen Tag werden wir von nun an feiern",
sagte ein Elefant. „Jedes Jahr um diese Zeit
ist Elmar-Tag, alle Elefanten verkleiden sich
– und Elmar wird elefantenfarben."
Und so machen sie es jetzt auch:
An einem Tag im Jahr malen
die Elefanten sich bunt an. Wenn du
an diesem Tag einen Elefanten entdeckst,
der ganz normal aussieht,
dann weißt du: DAS IST ELMAR.

David McKee

Q (zum Vorschein) kommen, feiern, sich verkleiden, entdecken, aussehen, Bescheid wissen, bedeckt, kariert, normal, vor-/rückwärts, endlich, schließlich

3. Muster der Elefanten auf Schlussbild beschreiben; Weiterführung: selbst bunte Elefanten malen oder basteln; ❗ substantivierte Farbadjektive mit Artikeln

Bei uns und anderswo

○ die Zuschauer

● die Bühne

● die Flagge

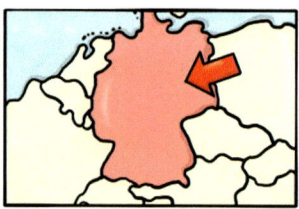
● das Land

● das Boot

Welche Länder/Flaggen kennst du?
Welche Flagge hängt zwischen der (deutschen) und der (portugiesischen) Flagge? – Die (spanische) Flagge hängt …

der Korb, der Samowar, der Strohhalm, die Weltreise, die Olive, die Pizza, die Lichterkette, die Landkarte, das Büfett, das Fladenbrot

▶ Audio-CD Track 36

SPRECHEN

● das **Paddel**

● das **Essen**

● das **Getränk**

winken

zwischen

▶ AH B, S. 67

italienisch, kroatisch, türkisch, deutsch, spanisch, portugiesisch, griechisch, russisch, marokkanisch, polnisch, (vor)singen, paddeln, naschen

Wo sitzt (Mias Schwester)? – (Mias Schwester) sitzt zwischen …; Erarbeitung der Präposition zwischen; ▯ *Was isst du gern?* (auch Speisen aus anderen Ländern)

SPRECHEN

Paule Puhmanns Paddelboot

Musik und Text: Fredrik Vahle

1. In Paule Puhmanns Paddelboot, da paddeln wir auf See.

Wir paddeln um die halbe Welt, Aloha-hoha-hee!

Guten Tag, auf Wiedersehn! Guten Tag, auf Wiedersehn!

2. In Spanien war es furchtbar heiß,
da stieg der Pedro zu.
Der brachte Apfelsinen mit,
die aßen wir im Nu.
Buenos dias, hasta la vista!
Guten Tag, auf Wiedersehn!
Buenos dias, hasta la vista!
Guten Tag, auf Wiedersehn!

4. Dann fuhr'n wir weiter übers Meer
bis hin in die Türkei.
Von da an war'n auch Ahmet und
die Ayşe mit dabei.
Merhaba, güle, güle!
Guten Tag, auf Wiedersehn!
Merhaba, güle, güle!
Guten Tag, auf Wiedersehn!

3. Und rund um den Olivenbaum,
da tanzten wir im Sand.
Wir nahmen den Wasili mit,
das war in Griechenland.
Kalimera, jassu, jassu!
Guten Tag, auf Wiedersehn!
Kalimera, jassu, jassu!
Guten Tag, auf Wiedersehn!

5. Und als wir dann in Moskau war'n,
da stand Natascha da,
die wärmte uns mit heißem Tee
aus ihrem Samowar.
Sdrastwuitje, doswidanja!
Guten Tag, auf Wiedersehn!
Sdrastwuitje, doswidanja!
Guten Tag, auf Wiedersehn!

Lied singen und lernen; Zuordnungen strophenweise nachvollziehen *(Spanien/Pedro/Apfelsinen)*; D Grußformeln in weiteren Sprachen; weitere Strophen ausdenken

die See [❗ auf See = aufs Meer], die Welt, das Meer, Spanien, Griechenland, Türkei, zusteigen, furchtbar (= sehr), heiß, im Nu
❗ Verben im Präteritum

▶ ⦿ Audio-CD Track 11/12

Was brauchst du?

"Matteo, wer möchtest du sein?"

"Ich möchte Pedro aus Spanien sein."

"Was brauchst du dazu?"

"Ich brauche einen Korb mit Apfelsinen."

Ich brauche …

| einen Korb mit Apfelsinen. | einen Teller mit Oliven. | ein Brett mit Fladenbrot. | einen Samowar mit Tee. |

💬 das (Servier)Brett, mit

Liedtext für die Dialoge nutzen: sich in die Figuren hineinversetzen; Einführung der Präposition *mit* (Dativ!); ▶ Dialog nach Muster erweitern *(Tom aus England …)*

LESEN

Das Klassenfest

Mia, Umut, Emira und Timo
planen mit ihrer Klasse
ein Fest.
Sie wollen alle Eltern
zu diesem Fest einladen.

Umut und Mia schreiben
zusammen mit Frau Koch
einen Brief.

Liebe Eltern,

am Samstag, dem 20.06.,
feiern wir auf dem Schulhof unser Klassenfest.
Zu diesem Fest laden wir
alle Eltern herzlich ein.
Um 11 Uhr zeigen wir den Zuschauern
Paule Puhmanns Weltreise.
Wichtig: Alle Familien sollen
bitte etwas zu essen machen.

Die Klasse 1a

Das Programm

Alle Kinder lernen
das Lied Paule Puhmann.
Nach zwei Wochen kann es
die ganze Klasse auswendig.

Emira und Milan
bauen das Boot.
Alle anderen malen
zusammen die Flaggen.
Lisa und Momo schreiben
das Programm auf bunte Zettel.

Klassenfest der Klasse 1a
am Samstag, dem 20.06., um 11 Uhr
Programm:
- Paule Puhmanns Weltreise
– zehn Minuten Pause –
- **Tanz aus Griechenland**
- gemeinsames Essen:
Zaziki, Pizza, Kuchen und noch mehr

 der Zettel, der Tanz, der oder das Zaziki, das Programm, auswendig

● D eigene Briefe und Programme mit eigenen Programmpunkten und Speisevorschlägen (auch in einfacherer Form) verfassen; den Computer nutzen

Fatousch – arabischer Brotsalat (4 Personen)

Wir brauchen zwei Zweige Minze.

Textform *Rezept* kennenlernen; Zutaten im Kreisgespräch klären: *Was brauchen wir? – Wir brauchen (3 Tomaten)*.
D Zutaten für 8 Personen angeben

💬 der Teelöffel, der Esslöffel, der Zweig, die Petersilie, die Zwiebel, die Zitrone, die Minze, das Salz, das Öl

Zuerst …

waschen

Dann …

schneiden

rösten

gießen

Zum Schluss …

dazugeben

mischen

💬 die Pfanne, die Zitronenpresse, (die Zutat), das Salatbesteck, waschen, schneiden, zupfen, hacken, würfeln, rösten, dazugeben, mischen

Zubereitung mithilfe der Bilderfolge klären: *Zuerst schneide ich die Tomate (in Würfel)* usw.; Temporaladverbien für Abfolge nutzen

111

LESEN

Was darf es sein?

Auf den Tischen gibt es
Pizza, Salate und Suppen.
Es gibt auch Obst und Kuchen.
Umut und die anderen Kinder
bedienen die Besucher.

 „Kann ich bitte Bulgursalat
und ein Glas Saft haben?"
 „Gern. Bitte sehr."

 „Gibt es auch Pizza?"
 „Klar! Zwei Sorten.
Nimm die Pizza mit Pilzen. Die ist gut!"

 „Kann ich bitte zweimal
Zaziki mit Brot haben?"
 „Gern. Hier bitte!
Und guten Appetit!"

○ Was bestellen Mias Mama, Umuts Bruder Murat, Timos Mama, Emiras Schwester Rana?;
○ dialogisches Lesen: ein Erzähler und fünf Sprecher/Sprecherinnen

der Besucher, der Bulgur (Weizen), der Appetit, der Eistee, der Rest, die Sorte, das Obst, das Wasser, bedienen, probieren, gern, mehrmals

▶ nach AH B, S. 74–77

Wiederholung der bisher eingeführten Buchstaben

 „Habt ihr Erdbeereis?"

 „Nein, aber einen Erdbeerkuchen. Willst du den Kuchen probieren?"

Fast alle Besucher holen sich mehrmals etwas zu essen. Zum Schluss ist nur noch ein Rest Fischsuppe da. Umut wollte so gern den Erdbeerkuchen probieren. Aber nun gibt es keinen Kuchen mehr. Wie schade!

🔍 Ⓤ *Fritule* – frittierte Teigbällchen (kroatisch); *Fatousch* – Brotsalat (arabisch), *Sarma* – Kohlrouladen (serbisch, türkisch u. a.), *Pide* – Fladenbrot (türkisch)

○ Beschriftungen der Speisen lesen, klären und ggf. Herkunftsländern zuordnen; ● Ⓓ mithilfe der Illustrationen weitere Dialoge am Büfett ausdenken

VORLESEN

Guten Appetit!

Anna ist bei Joko eingeladen.
Zum Mittagessen.
Jokos Mama hat gekocht. Es riecht gut.
Anna hat großen Hunger.
Aber erst müssen sie den Tisch decken.
Jokos Mama stellt Schälchen hin.
Joko legt Stäbchen dazu.

Es gibt Reis.
Reis mit Gemüse und Soße.
Da sind keine Löffel und keine Gabeln.
„Wofür sind die Hölzchen?", fragt Anna.
„Zum Essen", antwortet Joko.
„Guten Appetit!", sagt Jokos Mama.
„Guten Appetit!", sagt auch Joko.

Joko nimmt die Stäbchen und isst.
Jokos Mama macht das auch so.
Anna sieht Joko ratlos an.

„Ach, entschuldige", sagt Jokos Mama.
„Japaner essen mit Stäbchen.
Aber Europäer essen mit Löffeln."
Sie gibt Anna einen Löffel.
„Danke", sagt Anna.

1. Texterschließende Fragen beantworten:
Wofür benutzt Joko die Stäbchen?
Welche Schwierigkeiten hat Anna beim Essen?
Was kann Anna genauso gut wie Joko? usw.

der Hunger, der Reis, der Daumen,
der Zeigefinger, der Magen, der Spaß,
die Soße, die Gabel, die Karotte,
die Erbse, das Gemüse, das Hölzchen

Aber dann nimmt Anna
doch die Stäbchen. Joko ist begeistert.
Sie zeigt Anna, wie man
die Stäbchen hält:
Zwischen Daumen und Zeigefinger.
Joko bewegt die Stäbchen. Joko isst.
Es sieht ganz leicht aus.

Anna bewegt die Stäbchen.
Sie versucht, eine Karotte zu erwischen.
Die Stäbchen überkreuzen sich.
Und die Karotte rutscht weg.
Die Erbsen kullern über den Tisch.
Annas Magen knurrt. „Ich esse
doch lieber mit dem Löffel!", sagt sie.

Joko schenkt Anna zwei Stäbchen.
Zum Üben.
Nach dem Essen
spielen Anna und Joko Mikado.
Das können beide gut.
Das macht beiden Spaß.

Sabine Jörg

Es gibt Reis.

Es gibt Reis und Erbsen.

Es gibt Reis und Erbsen und Karotten.

Es gibt Reis und Erbsen und Karotten und …

Q das Mikado, die Japaner, die Europäer, riechen, decken, entschuldigen, bewegen, erwischen, überkreuzen, kullern, üben, ratlos, begeistert, leicht

2. Kinder möglichst selbst die Handhabung von Essstäbchen (z. B. mit Obststückchen vom Brett) und Mikado ausprobieren lassen
3. Treppensätze schreiben

Das kann ich schon

Wiederholung des eingeführten Wortschatzes; Partnerarbeit.
Spielmaterial: 1 Farbwürfel, 1 Augenwürfel, 2 Spielsteine, 2 Büro- oder Wäscheklammern (oder 2 weitere Spielsteine).

Spieler 1 würfelt mit beiden Würfeln, setzt seinen Spielstein auf das gewürfelte Feld und nennt das entsprechende Wort. Spieler 2 kontrolliert, falls nötig auf den betreffenden Kapitelseiten (ggf. unter Zuhilfenahme eines zweiten Buches).

SICHERN UND FESTIGEN

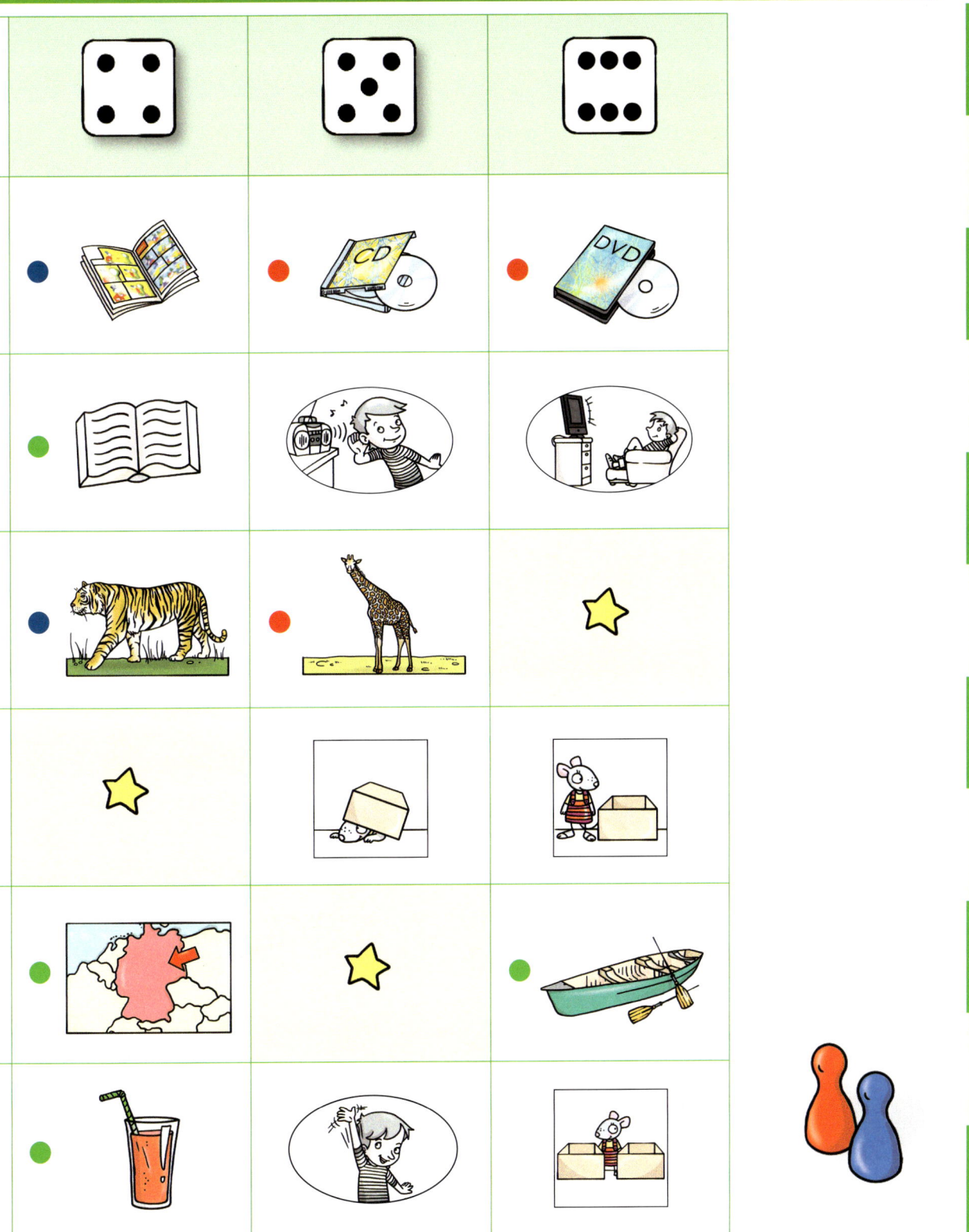

Spieler 1 darf bei richtiger Antwort auf seiner Zielleiste – am rechten bzw. linken Seitenrand – ein Feld vorrücken (Markierung auf der Zielleiste: *Spielstein* neben dem Buch vorrücken oder *Klammer* an der Seite befestigen und verschieben).

Nun ist **Spieler 2** an der Reihe. Wer auf ein Sternfeld kommt, darf – ohne zu sprechen – ein Feld auf der Zielleiste vorrücken.

117

Durch das Jahr

- **der** Frühling
- **der** Sommer 
- **der** Herbst 
- **der** Winter 
- **der** Klee 

Es war eine Mutter, die hatte vier Kinder: der Frühling, der Sommer, der Herbst und der Winter. Der Herbst bringt die Trauben, der Winter den Schnee.

Was ist das?
Was macht …?
Welche Jahreszeit ist das?
Wie sieht der Baum (im Winter) aus?

der Brunnen, der Drachen, der Stiefel, der Schneemann, die Kastanie
(❗ Bezeichnung für den Baum und die Frucht), die Jahreszeit

▶ Audio-CD Track 37

SPRECHEN

den Frühling, den Sommer, den Herbst und den Winter.

Der Frühling bringt Blumen, der Sommer den Klee,

● **der** Schnee

● **die** Blume

● **die** Kastanie

○ **die** Trauben

○ **die** Blätter

die Tulpe, die Osterglocke, die Ohrenschützer, die (Blüten)Kerzen, die Inliner, blühen, (Drachen) steigen lassen, geteilt, kahl, belaubt, kalt

Lied singen, dabei jeweils auf die richtige Jahreszeit zeigen; Jahreszeiten in richtiger Reihenfolge aufzählen
▶ *Was machst du (im Winter)?*

SPRECHEN

Der Drachen

Auf und ab, so geht der Drachen,

flattert froh im Wind,

Augen, Nase, Mund zum Lachen,

freut er jedes Kind.

Was ist das?; Was macht …?; Wie sieht der Baum / der Park / der Kiosk aus?
D Was kannst du im Herbst hören, fühlen, spielen …?

der Kiosk (❗ Fremdwort aus dem Persischen), der Mann, der Regenschirm, der Kürbis, der Gummistiefel, die Rosen, der Wind, der Igel

Zum Nachdenken

Ein Igel geht
vor zwei Igeln.
Ein Igel geht
zwischen zwei Igeln.
Ein Igel geht
hinter zwei Igeln.

Wie viele Igel sind das wohl?

Ute Andresen

Falle, falle, falle

Falle,
falle,
falle –
gelbes Blatt,
rotes Blatt,
bis der Baum
kein Blatt mehr hat –
weggeflogen alle!

Wilhelm Bender

---

das Beet, sammeln flattern, (sich) freuen, wegfliegen, ab, wohl, zeichnen

Drachen sprechzeichnen; Rätsel lösen (Hinweis aufs Bild); Gedicht aufsagen; ggf. auswendig lernen; **D** generatives Sprechen = Farbadjektive austauschen

SPRECHEN

Der Schneemann

Riesenkugel, großer Bauch – einen Kopf bekommt er auch.
Auf den Kopf – kommt noch ein Topf.
Auge, Auge, Nase, Mund – Knöpfe, Knöpfe, kugelrund.
Linker Arm, rechter Arm – Besenstiel und Borsten dran.
Fertig ist der weiße Mann.

Was ist das?; Was macht …?; Wie sieht der Baum/der Park/der Kiosk aus?
D *Was kannst du im Winter hören, fühlen, spielen …?*

der Kohl, der Eiszapfen, die (Schnee-)Flocke, die Mandarine, die Schneeballschlacht, das Eis (Eisfläche), streuen (im Winter), gefroren

ABC, die Katze lief im Schnee

Volkslied

A B C, die Kat-ze lief im Schnee, und als sie dann nach Hau-se kam, da hatt' sie wei-ße Stie-fel an, o-je-mi-ne, o-je-mi-ne, die Kat-ze lief im Schnee.

Überraschung

Eine Flocke
und wieder
eine Flocke
und wieder
eine Flocke
und
schon wieder
eine Flocke

und schon wieder
eine Flocke
und noch eine
und noch eine
und noch eine
und noch eine …
Oje, oje!
Schnee!

Gottfried Herold

▶ Audio-CD Track 13/14

💬 der Knopf, der (Besen)Stiel, die Überraschung, die Borsten, das Taschentuch, das Eichhörnchen, niesen, (kugel)rund, fertig

Schneemann sprechzeichnen; Lied singen, auswendig lernen; **D** generat. Sprechen = Tier ersetzen; **!** richtige Artikel/Pronomen beachten; betontes Aufsagen des Gedichts

123

SPRECHEN

Frühlingswörter

NEST FROSCH RAUPE

Was ist das?; Was macht …?; Wie sieht der Baum / der Park / der Kiosk aus?
D Was kannst du im Frühling hören, fühlen, spielen …?

die Narzisse, das Gänseblümchen, die Primel, die Kartoffel, das Kaninchen, sprudeln, lauern, putzen, beobachten, duften, böse

Frühlingstanz

Text und Melodie: Wolfgang Spode

1. Der Frühling kommt, der Frühling kommt, die Vögel singen wieder. Sie zwitschern in den Bäumen schon und schütteln ihr Gefieder.

Der Frühling kommt, der Frühling kommt,
die Tiere werden wach.
Sie hoppeln, hüpfen, springen weit,
wir machen's ihnen nach.

Der Frühling kommt, der Frühling kommt,
der Winter darf nicht bleiben.
Mit Klatschen, Stampfen und Geschrei,
so woll'n wir ihn vertreiben.

Frühling ist dann,
wenn dein Fuß
auf drei Gänseblümchen gleichzeitig
treten kann.

▶ Audio-CD Track 15/16

Q das Gefieder, das Geschrei, zwitschern, hoppeln, springen, nachmachen, vertreiben, treten, wach, gleichzeitig, wenn

gestaltete Wörter erlesen; Gestaltung klären;
D selbst Wörter gestalten, z. B. *Sonne, Tulpe*;
Lied singen und Bewegungen dazu erfinden;
Volksweisheit inhaltlich klären

SPRECHEN

Sonnensprechvers

Auge, Auge, Nase, Mund,

meine Sonne ist ganz rund.

Viele helle Strahlen dran,
damit die Sonne scheinen kann.

Was ist das?; Was macht …?; Wie sieht der Baum / der Park / der Kiosk aus?
Was kannst du im Sommer hören, fühlen, spielen …?

der Badeanzug, der Sonnenschirm, die Sonnenkrem, die Sandale / der Flipflop, die Kirsche, die Shorts, das Herz, vierblättrig, verliebt

Ich lieb' den Sommer

Text und Melodie: aus England
deutsch: Verfasser unbekannt

Kanon

1. Ich lieb' den Som-mer, ich lieb' den Strand, das Meer,
   I like the flow-ers, I like the daf-fo-dils,
2. Sand-bur-gen bau-en und kei-nen Re-gen mehr.
   I like the moun-tains, I like the roll-ing hills,
3. Eis es-sen, Son-nen-schein, so soll's im-mer sein. Di
   I like the fire-side, when the light is low.
4. dum, di da di dum, di da, di dum, di da, di dum, di da, di.

Sommerhitze

Kinder, ist das eine Hitze!
Kinder, ist das heute heiß!
Nur zwei Sachen gibt's, die nützen:
Badengehen oder Eis.

Ah, was macht das Baden Freude!
Hitze? Pah, was stört uns die?
Und wir brausen, schwimmen, spritzen,
springen, tauchen wie noch nie.

Christel Süßmann

▶ Audio-CD Track 17/18/19

der Strahl, die Sandburg, die Hitze, nützen, brausen (= duschen), tauchen, heute; der Kanon; 🇬🇧 daffodil (deffodill) – Narzisse (engl.)

Sonne sprechzeichnen; Lied singen (evtl. auch den englischen Text); Wortfeld *baden* im Gedicht klären; 🇩 Wortfeld zum Eisessen erarbeiten ((sch)lecken, knabbern, lutschen)

So sprechen wir

 SPRECHEN

⑤ Emira hat den einen ✏️.
Emira hat die eine ✂️.
Emira hat das ein 📓.

⑥ Der ✏️ ist **gelb**.
Die ✂️ ist **gelb**.
Das 📓 ist **gelb**.

⑦ Das ist der gelb**e** ✏️. 
Das ist die gelb**e** ✂️. 
Das ist das gelb**e** 📓.

Nachschlagen wichtiger grammatischer Phänomene/Sprachbetrachtung: unbestimmter Artikel im Akkusativ; Adjektiv (prädikativ/attributiv)

So sprechen wir

an 		in 	
hinter 		auf 	
vor 		unter 	
neben 		zwischen 	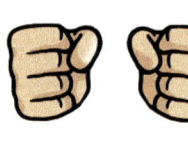

Nachschlagen wichtiger grammatischer Phänomene/Sprachbetrachtung: Präpositionen; auch Verschmelzung von Präposition und Artikel *(am, im)*

 ggf. Handgesten besprechen, erlernen und verwenden

▶ ⏺ Audio-CD Track 5/6

SPRECHEN

⑨

ich		wir	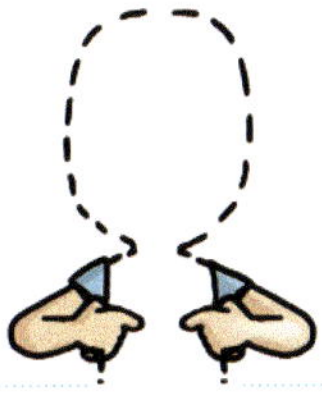
du		ihr	
er		sie	
sie			
es			

⑩

Der Mann malt.
Er malt.

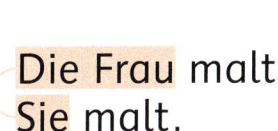
Die Frau malt.
Sie malt.

Das Kind malt.
Es malt.

ggf. Handgesten besprechen, erlernen und verwenden

Nachschlagen wichtiger grammatischer Phänomene/Sprachbetrachtung: Personalpronomen; Funktion der Personalpronomen im Satz (Subjekt)

131

Wichtige Lesewörter

Unsere Schule – meine Klasse
| M m | O o | A a | I i | T t |

am
im
• die Mama
mit

Mia
Momo
Timo

Ich und du
| S s | L l |

ist, sie ist im Tor
los
mal
malt, er malt
so

Lisa

Ich kenne mich aus
| E e | N n | P p | U u |

• die Ananas
• der Ast
• die Ente
• der Esel
essen
lesen
lila
• die Melone
• die Nase
• das Nest

Leo
Lina
Matteo
Milan
Natalia

• die Post
• der Salat
• die Sonne
• die Tante
• die Tomate

Umut

Bei mir zu Hause
| F f | R r |

anrufen
• der Arm
• der Elefant
• die Familie
• das Fest
• der Flur
fressen
• das Futter
isst, sie isst Salat
leer
• die Linse
• der Mantel
nass
nett
• die Oma
• der Opa
• der Papa
• der Pulli
pusten
raten
rennen

Emira

LESEN

    rot
    rufen
● der Sommer
● die Suppe
● das Telefon
● der Teller
● das Tor
    umarmen

Ich stelle mir vor

  D d Au au

● der Affe
● das Auto
● die Fee
● das Fell
    finden
● die Hand
● der Helm
● die Hilfe
    holen
● die Hose
    husten
● der Hut
    laufen
    laut
● die Leiter
● die Luft
● das Monster
● der Pilot

    pumpen
● der Reifen
    reisen
    rosa
● der Traum

Zeit für mich

Sch sch   -ie

    abholen
● die Ampel
    anschauen
● das Fenster
● der Handschuh
● der Haufen
● das Heft
● der Herr
● der Himmel
● der Hof
● der Hort
    lassen
    leise
    lesen
● die Minute
● der Name
● die Nudel
● die Pause
● der Po
● die Ruhe
    rutschen

Ich lese alle Wörter, die einen grünen Punkt haben.

Wichtige Lesewörter

      schauen
● der Schlitten
● der Schluss
● der Schnee
      schneien, es schneit
      schnell
      schreien
● die Schule
● der Schulhof
● die Schultasche
● das Tier
● die Uhr
  sich umdrehen

Computermaus und Lesekater
K k   B b   ch

      abends
      andere
      ausschalten
      aussuchen
● der Ball
● das Buch
      fahren
● das Fahrrad
      fernsehen
● der Fernseher
● der Film
      kaufen
● das Kind

      kommen
      leihen
      lernen
      machen
      manchmal
      meistens
      mitkommen
      mitnehmen
● der Park
      sehen
  sich treffen

Die Welt um mich herum
G g   W w

● der Bagger
      baggern
● das Bild
      blau
      bunt
● die Erde
● der Fahrer
      froh
      gelb
● das Glas
● der Graben
      grau
      greifen
● der Greifer
● der Hebel

Ich schreibe alle Wörter auf, die mit G anfangen.

● das Glas
● der Graben
● der Greifer

LESEN

- die Idee
- die Kabine
- die Kette
- lachen
- legen
- das Loch
- der Motor
- die Nacht
- das Rohr
- die Rolle
- sagen
- der Sand
- die Schaufel
- schaufeln
- tief
- toben
- wegrennen

Bei uns und anderswo

Z z

- der Appetit
- auswendig
- bauen
- bedienen
- der Besucher
- das Boot
- der Brief
- das Brot
- einladen

- das Eis
- die Erdbeere
- feiern
- der Fisch
- die Flagge
- die Frau
- die Klasse
- der Kuchen
- das Lied
- das Obst
- der Pilz
- die Pizza
- planen
- probieren
- das Programm
- die Reise
- der Rest
- der Saft
- der Samstag
- der Schluss
- schreiben
- die Sorte
- der Tanz
- der Tisch
- die Welt
- die Woche
- wollen
- der Zettel
- der Zuschauer
- zwei

Textquellen

- S. 15 Sodtke, Matthias: Nulli & Priesemut. Du bist mein bester Freund (Auszug). Lappan Verlag, Oldenburg 2001
- S. 18 Kopf und Schulter (Auszug). In: Wolfgang Hering: Bewegungshits von Moskau bis Marokko. Ökotopia Verlag, Münster 2006
- S. 26 Heine, Helme: Der Hase mit der roten Nase. Beltz & Gelberg in der Verlagsgruppe Beltz, Weinheim & Basel 2004
- S. 38 Frey, Jana: Verlaufen (gek.). In: Jetzt bin ich groß – die Schule geht los. Loewe Verlag, Bindlach 2004
- S. 52 Künzler-Behncke, Rosemarie: Laura weiß was Wichtiges (gek.). In: Laura legt los. Ellermann Verlag, München 1993
- S. 64 Holmelund Minarik, Else: Was der kleine Bär sich wünscht (gek.). In: Der kleine Bär. Übersetzung: Franz Caspar. Verlag Sauerländer, Aarau/Frankfurt a. M./Salzburg 1997
- S. 72 Eladiladilo (veränd.). In: Grundschule Musik. Heft 13/2000. Lugert Verlag 2000
- S. 76 Carle, Eric: Die kleine Raupe Nimmersatt. Übersetzung: Viktor Christen. Gerstenberg Verlag, Hildesheim 2009 © 1969 Eric Carle
- S. 90 Lindgren, Astrid: Pippi Langstrumpf (veränd.). Übersetzung: Cäcilie Heinig. Verlag Friedrich Oetinger, Hamburg 2007 © Saltkråkan AB/Astrid Lindgren 1945 (Text)
- S. 100 nach David McKee: Elmar. Übersetzung: Hans Georg Lenzen. Thienemann Verlag, Stuttgart/Wien 2004
- S. 102 McKee, David: a. a. O. (Auszug, veränd.)
- S. 106 Vahle, Fredrik: Paule Puhmanns Paddelboot (Auszug, veränd.). In: Das große Vahle-Liederbuch. Beltz Taschenbuch. Pädagogik. Verlag Beltz, Weinheim/Basel 2000. © Aktive Musik Verlagsgesellschaft, Dortmund
- S. 114 Jörg, Sabine: Guten Appetit! (gek.) In: Hallo Joko! Hallo Anna! Benziger Edition im Arena Verlag, Würzburg 1995
- S. 120 Der Drachen. In: Lily Gleuwitz u. Kersten Martin: Täglich 5 Minuten Sprachförderung. 1./2. Schuljahr. Persen Verlag, Buxtehude 2008
- S. 121 Andresen, Ute: Zum Nachdenken. In: ABC und alles auf der Welt. Beltz Verlag, Programm Beltz & Gelberg, Weinheim/Basel 2002
- S. 121 Bender, Wilhelm: Falle, falle, falle (gek.). In: Margarete Wagner: Unter dem Regenbogen. Herder, Freiburg 1981
- S. 122 Der Schneemann. Nach: Lily Gleuwitz u. Kersten Martin: Täglich 5 Minuten Sprachförderung. Band 2: Sprechzeichnen. Persen Verlag, Buxtehude 2007
- S. 123 ABC, die Katze lief im Schnee. Volksgut.
- S. 123 Herold, Gottfried: Überraschung. In: Komm, wir wollen im Regen gehen. Middelhauve, München 2000
- S. 125 Spode, Wolfgang: Frühlingstanz. © Fidula-Verlag, Boppard/Rhein u. Salzburg
- S. 125 Frühling ist dann ... Volksgut.
- S. 126 Sonnensprechvers. Nach: Lily Gleuwitz u. Kersten Martin: Täglich 5 Minuten Sprachförderung. 1./2. Schuljahr. Persen Verlag, Buxtehude 2008
- S. 127 Ich lieb' den Sommer. Text und Melodie: aus England. Deutsche Textfassung: Verfasser unbekannt
- S. 127 Süßmann, Christel: Sommerhitze (gek.). In: Hallo, hier Kinderlandhausen. Boje, Stuttgart 1966

Bildquellen

- S. 5 Sodtke, Matthias: Nulli & Priesemut. Du bist mein bester Freund. Lappan Verlag, Oldenburg 2001; Teepe, Martina: Pembe Rosa. Verlag Anadolu, Hückelhoven, 2005; Baltscheit, Martin: Die Geschichte vom Löwen, der nicht schreiben konnte. Bajazzo Verlag, Zürich, 2009; McKee, David: Elmar. Übersetzung: Hans Georg Lenzen. Thienemann, Stuttgart/Wien 2004; Heine, Helme: Der Hase mit der roten Nase. Beltz + Gelberg, Weinheim 2004
- S. 14 f. Lindgren, Astrid: Pippi Langstrumpf. Oetinger, Hamburg 2007; Sodtke, Matthias: a. a. O.
- S. 76 Carle, Eric: Die kleine Raupe Nimmersatt. Gerstenberg, Hildesheim 2009 © 1969 Eric Carle
- S. 80 f. © Nickelodeon; © Oetinger Verlagsgruppe; © Warner Inc.; © FilmConfect Home Entertainment GmbH; © Edel Production (D); © junior – Game and Fun.de; © Top Sounds; © Coppenrath Verlag; © Coppenrath Verlag; © Carlsen Verlag; © Spaß am Lesen Verlag, Münster; © Edition XXL; © Disney Deutschland GmbH; Conni backt Pizza. Arabische Ausgabe. Kitabuna, Duisburg 2010. © 2010 Rabie Children Books. © CARLSEN Verlag, Hamburg 2001; Neuber, Katrin: 123 Sesamstraße. Leselotse. Schulgeschichten. Nelson Verlag 2008. © 2008 Sesame Workshop ®; Lindgren, Astrid: a. a. O.
- S. 82 Janosch: Oh, wie schön ist Panama. Beltz & Gelberg, Weinheim/Basel 2004
- S. 83 © WDR, Köln; © WDR, Köln; © Nickelodeon; © zdf / Zweites Deutsches Fernsehen
- S. 88 © Nickelodeon; © zdf/Zweites Deutsches Fernsehen
- S. 90 f. Cover: Lindgren, Astrid: a. a. O.; Bilder: a. a. O.; Flaggen: Cornelsen Verlagsarchiv; Buchcover von Pippi in versch. Sprachen: © Bei den Verlagen
- S. 92 f. Schleich (s) Anywhere's a playground ®, Schwäbisch Gmünd
- S. 98 Fotolia.com/Alfred Mader, 2/ARCO Images/NPL, 3/Matthias Graber, Dortmund(Freelens), 4/Der Elefant. Könemann, 1998, 5/Westend 61/Tom Hoenig
- S. 99 Cornelsen Verlag/Peter Hartmann
- S. 100 McKee, David: Elmar. Griechische Ausgabe. © David McKee 2004; Kinderzeichnungen: Ilayla, 6 Jahre; Joline, 7 Jahre; Jeanette, 7 Jahre
- S. 102 f. McKee, David: Elmar. Übersetzung: Hans Georg Lenzen. Thienemann, Stuttgart/Wien 2004
- S. 104 f. Cornelsen Verlagsarchiv
- S. 106 f. Cornelsen Verlagsarchiv
- S. 111 Heidelinde Foster, Meerbusch